J. Kuss

Leitfaden für den Unterricht in der Kunstgeschichte

J. Kuss

Leitfaden für den Unterricht in der Kunstgeschichte

ISBN/EAN: 9783743630499

Hergestellt in Europa, USA, Kanada, Australien, Japan

Cover: Foto ©Thomas Meinert / pixelio.de

Weitere Bücher finden Sie auf **www.hansebooks.com**

Leitfaden

für den

Unterricht in der Kunstgeschichte,

der

Baukunst, Bildnerei, Malerei und Musik,

für

höhere Lehranstalten und zum Selbstunterrichte bearbeitet nach
den besten Hülfsmitteln.

Mit 86 Illustrationen.

Stuttgart.
Verlag von Ebner und Seubert.
1868.

„Durch die Schönheit wird der sinnliche Mensch zur Form und zum Denken geleitet; durch die Schönheit wird der geistige Mensch zur Materie zurückgeführt und der Sinnenwelt wiedergegeben."

Schiller.

„Da die Einbildung, welche zur Empfindung des Schönen in der Kunst mehr als in der Natur gefordert wird, weit feuriger in der Jugend als im männlichen Alter ist, so soll jene Fähigkeit zeitig geübet und auf das Schöne geführet werden, ehe das Alter kommt, in welchem wir uns entsetzen zu bekennen, es nicht zu fühlen."

Winckelmann.

Vorwort.

Es bedarf wohl kaum der Rechtfertigung, wenn wir heut zu Tage auch für die Kunstgeschichte ein bescheidenes Plätzchen in dem Unterrichtsplan höherer Lehranstalten, einschließlich der höheren Töchterschulen, in Anspruch nehmen. Die Kunst hat in neuerer Zeit unter unsrem Volke eine so weite Verbreitung, eine so hohe Bedeutung erlangt, daß Niemand unter uns, der zu den Gebildeten gezählt werden möchte, sich dem Interesse für diese Blüthe der Bildung verschließen, der Bekanntschaft mit ihren Meistern und der Kunde von ihren hervorragendsten Werken entbehren kann. Die höheren Lehranstalten, deren Zöglinge ja doch bereinst den gebildeten Ständen zugezählt werden sollen und wollen, würden daher, wie es mir scheint, ihre Aufgabe nicht ganz erfüllen, wenn sie jenes Interesse anzuregen und zu nähren, diese Kenntniß mitzutheilen versäumten, wenn sie nicht, wie die Geschichte der Literatur, so auch die Geschichte der Kunst unter ihre regelmäßigen Unterrichtsgegenstände aufnehmen würden.

Seit längerer Zeit habe ich in der von mir geleiteten Töchterschule den Unterricht in der Geschichte der Kunst ertheilt und den Stoff dazu vorzugsweise aus Prof. Dr. Lübke's anerkanntem Werke „Grundriß der Kunstgeschichte" geschöpft, zur Belebung des Unterrichts benutzte ich daneben die „**Denkmäler der Kunst**, zugleich Bilderatlas zu Lübke's Grundriß der Kunstgeschichte." Sehr fühlbar war mir jedoch der Mangel eines Leitfadens, welcher, indem er dem Gedächtniß der Lernenden die nöthige Stütze gewährt, bei den Lehrern und Schülern das lästige Diktiren zu ersparen geeignet war. Täusche ich mich nicht, so wird dieser Mangel auch in andern Lehranstalten empfunden, und ich wünsche, daß da, wo dies der Fall ist, mein Versuch, dem abzuhelfen, nicht unfreundlich möge aufgenommen werden.

Ich kann nicht schließen, ohne dem Herrn Professor Dr. Lübke für die Nachsicht und Güte, mit welcher er der Durchsicht dieses Leitfadens sich unterzogen und dessen Veröffentlichung ermöglicht hat, meinen tiefgefühlten Dank hier öffentlich auszusprechen.

D. Verf.

Von der Verlagshandlung ersucht, vorstehenden Worten Einiges hinzuzufügen und dadurch die vorliegende Schrift in die Oeffentlichkeit einzuführen, spreche ich vor Allem meine Freude darüber aus, daß aus den Kreisen praktischer Pädagogen selbst ein Versuch hervorgeht, den Lehrstoff der Kunstgeschichte auch den mittleren Bildungsanstalten zugänglich zu machen. Seit einer Reihe von Jahren haben sich gewichtige Stimmen erhoben, dies als eine bringende, nicht länger abzuweisende Forderung zu betonen. Neuerdings namentlich hat A. **Springer** im Jahrgang 1864 der Wiener Recensionen über bildende Kunst den „Kunstunterricht auf ge=

lehrten Schulen" einer eingehenden Betrachtung unterworfen, und noch nachdrücklicher ist kürzlich wiederholt von F. Piper auf der Philologen= Versammlung zu Hannover 1864 und zu Heidelberg 1865, sowie in einem gediegenen Aufsatz des Evangelischen Kalenders für 1867 die Einführung des kunstgeschichtlichen Unterrichts in die Gymnasien und höheren Real= schulen verlangt worden. Ebenso hat ein hochgebildeter Künstler, Professor von der Launitz, 1865 auf der Versammlung der mittelrheinischen Gym= nasiallehrer zu Frankfurt a. M. dieselbe Forderung gestellt, und in den jüngsten Tagen ist in Karlsruhe eine selbständige Schrift „Ein Wort über Kunst und Schule von einem deutschen Künstler" erschienen, welche auf das gleiche Ziel losgeht.

So mehren sich also von allen Seiten die Zeichen, daß in den ver= schiedensten Kreisen der Schulmänner, Erzieher, Philologen, Theologen und Künstler die Nothwendigkeit der Einführung der Kunstgeschichte in die Lehraufgabe der mittleren und höheren Unterrichtsanstalten, der Gymnasien, Realschulen, Lyceen, höheren Töchterschulen und ähnlichen Institute immer allgemeiner empfunden wird. Und in der That: wäre unsre gesammte Bildung nicht eine so gar abstrakte, es müßte Allen, die mit der Erziehung zu thun haben, längst klar geworden sein, welch fruchtbares Feld in der Pädagogik wir haben brach liegen, welch mächtigen Hebel zur höheren Entfaltung des geistigen Lebens wir ungenützt haben ruhen lassen. Die Zeit der frischesten Eindrücke, der tiefsten Empfänglichkeit verstreicht unsren heranwachsenden Jünglingen und Jungfrauen in der Regel, ohne daß der in jedem Menschen schlummernde Sinn für's Schöne durch Vorführung von Meisterwerken der bildenden Kunst Nahrung erhielte, und die köstliche Gabe des Sehens bleibt in Tausenden junger Augenpaare ungenützt, ohne durch die Eindrücke des Schönsten und Edelsten gebildet zu werden. Geht dadurch die beste Gelegenheit verloren, den ästhetischen Sinn zu be= leben, Gemüth und Geist mit den reinsten Gebilden des Idealen zu sät= tigen, so wird zugleich eins der mächtigsten und gerade in jugendlichen

Jahren einflußreichsten Mittel vernachläßigt, läuternd, veredelnd, umstimmend auf das Gebiet des höheren sittlichen Lebens zu wirken. Ein Verlust, der in späteren Jahren nie wieder völlig nachzuholen ist.

Aber wie? nicht genug mit der Ueberfülle des schon gegebenen Lehrstoffes, soll das heranwachsende Geschlecht noch mit neuen Aufgaben überbürdet werden? Nichts weniger als das; es kommt nur darauf an, die Kunstgeschichte in richtiger Weise ergänzend in den Lehrplan einzufügen, und man wird finden, daß es kein für den Lehrer wie den Schüler erfreulicheres, dankbareres, ersprießlicheres Thema giebt als dieses. Wie ganz anders werden die jungen empfänglichen Gemüther die Geschichte Athens und Roms auffassen, wenn ihnen die Wunderblüthe antiker Kunst in den noch vorhandenen Bau- und Bildwerken vor Augen gestellt wird! Was für eine Bedeutung wird der Name Perikles für sie gewinnen, wenn man ihnen eine Abbildung des Parthenon und der Propyläen zeigt und ihre Sculpturen erklärt! Welch lebensvolles Bild des hellenischen Volksgeistes wird vor ihnen aufgehen, welch überraschendes Licht wird ihnen auf den edlen Gliederbau der griechischen Sprache fallen, wenn man das Gefüge und die Bedeutung der griechischen Bauformen wie eine andre Art von **Syntaxis ornata** vor ihrem Blick aufsteigen läßt! Welche Anziehung wird die vaterländische Geschichte auf sie ausüben, wenn in derselben Weise die großen Kunstschöpfungen unsrer eignen Vorzeit ihnen erklärt werden! Und wie wird gerade dieser Theil der Kunstgeschichte volles plastisches Leben für sie erhalten bei jedem Schritt, der sie auf Ferienreisen durch die alten Städte ihrer Heimath führt! Und ganz in derselben Weise wird Verständniß und Auslegung der alten Dichter, wird namentlich auch der Religionsunterricht aus der Kunstgeschichte keine Ueberladung mit neuem, fremdem Stoff, sondern erst jene innere Sättigung und Erfüllung schöpfen, welche an Stelle trockner, den frischen Sinn der Jugend abstoßenden Abstraktionen eine lebensvolle Anschauung, an Stelle eines dürren Gerippes ein geist- und schönheiterfülltes plastisches Gebilde setzt.

Der Unterzeichnete hat in allen seinen Schriften, sofern sie nicht strenger Forschung, der Erweiterung und Vertiefung des wissenschaftlichen Materiales bestimmt sind, jene höhere pädagogische Rücksicht festgehalten. Namentlich ist sein „Grundriß der Kunstgeschichte" darauf angelegt, das Verständniß der Kunst in weiteren Kreisen unsres Volkes zu wecken und zu fördern. Und wie jetzt wohl Keiner mehr zu den Gebildeten sich wird zählen wollen, der keine Vorstellung von dem Entwicklungsgang der Kunst sich erworben hat, so wird es hoffentlich bald auch keinen deutschen Schulmann mehr geben, der darin hinter seiner Nation zurückbleiben möchte, und der nicht einen unvergleichlichen Gewinn für sein Wirken als Lehrer darin finden wird, von dem Selbsterworbenen, heute so leicht auf jedem Ferienausflug zu mehrenden Schatz an eignen Anschauungen der Kunst seinen lernbegierigen Zöglingen mitzutheilen.

Die so unglaublich gesteigerten Vervielfältigungsmittel unsrer Zeit, namentlich die Photographie und der Gypsabguß, werden dazu beitragen, allen Unterrichtsanstalten das nothwendigste Material für die Anschauung zugänglich zu machen. Bei den praktischen Engländern hat man längst damit begonnen, große Wandtafeln zur Kunstgeschichte für Schulen zu drucken, die, um mäßigen Preis verbreitet, ähnlich wie die geographischen Karten dem Unterricht zu Hülfe kommen. Hoffentlich wird auch bei uns das gesteigerte Bedürfniß bald zu ähnlichen Unternehmungen führen. Um indeß gerade den Schulen einen Ersatz nach dieser Seite zu bieten, hat die Verlagshandlung seit einigen Jahren die „Volksausgabe" der Denkmäler der Kunst veröffentlicht, die, wohl jedem Lehrer und jeder Anstalt zugänglich, ein ansehnliches Material für die Kunstgeschichte bietet, und der in diesem Augenblick ein Supplement über die Denkmäler der neuesten Kunst auf dem Fuße folgen soll.

Um nun für solche Vorträge einen knappen Leitfaden zu geben, der dem Schüler das Thatsächliche in kurzen Zügen gegenwärtig halte, ist das vorliegende kleine Buch abgefaßt worden. Ich habe es auf den Wunsch der Verlagshandlung einer Durchsicht unterworfen und meine, daß es seinem Zwecke entsprechen wird. Ein ähnliches Bedürfniß scheint schon früher Ernst Förster veranlaßt zu haben, seinen kleinen Abriß der Kunstgeschichte herauszugeben. Offenbar ist derselbe jedoch wegen der gar zu skizzenhaft andeutenden Behandlung seinem Ziele fern und deßhalb ohne weitere Wirkung geblieben. Irre ich mich nicht, so wird dagegen der vorliegende „Leitfaden" sich im Ganzen als zweckmäßig erweisen, und da obendrein die Verlagshandlung ihn aus ihren Vorräthen mit einer nicht unbedeutenden Zahl guter Abbildungen versehen hat, ohne doch den mäßigen Preis eines Schulbuches zu überschreiten, so darf die kleine Schrift den Lernbegierigen freundlich empfohlen sein.

W. Lübke.

Inhaltsverzeichniß.

	Seite
Erster Abschnitt. Die Baukunst	1
Einleitung. Mittel und Verfahren der Darstellung	
I. Die Baukunst der Inder	2
II. Die Baukunst der Aegypter	4
III. Die Baukunst des mittlern und vordern Asiens	4
1. Babylon und Ninive	6
2. Medien und Persien	8
3. Kleinasien	10
IV. Die griechische Architektur	11
V. Die etruskische Architektur	19
VI. Die römische Architektur	20
VII. Die altchristliche Architektur	24
VIII. Die byzantinische Architektur	27
IX. Die Architektur des Islam	28
X. Die romanische Architektur	31
XI. Die gothische Architektur	38

Seite

XII. Die Baukunst der Neuzeit 44
   Erste Periode, Frührenaissance. 1420—1500 . . . 44
   Zweite Periode, Hochrenaissance. 1500—1580 . . 45
   Dritte Periode, Barockstyl. 1600—1800 48
XIII. Die Baukunst des 19. Jahrhunderts 49

Zweiter Abschnitt. Die Bildhauerei 51
Einleitung. Mittel und Verfahren der Darstellung 51
 I. Die Sculptur des Orients 54
 II. Die Sculptur der Griechen 57
   Erste Epoche 59
   Zweite Epoche 60
   Dritte Epoche 63
   Vierte Epoche 64
 III. Die Sculptur der Etrusker 66
 IV. Die Sculptur bei den Römern 67
 V. Altchristliche Sculptur 72
 VI. Die Sculptur des romanischen Zeitraums 74
 VII. Die Sculptur des gothischen Zeitalters 78
 VIII. Die Sculptur der Renaissancezeit 82
   1. Die Bildnerei Italiens im 15. und 16. Jahrhundert 82
   2. Die nordische Sculptur des 15. und 16. Jahrhunderts 89
 IX. Die Sculptur im 17. und 18. Jahrhundert 92
 X. Die Sculptur des 19. Jahrhunderts 94

Dritter Abschnitt. Die Malerei 98
Einleitung. Mittel und Verfahren der Darstellung 98
 I. Die Malerei des klassischen Zeitalters 105
   1. Die Malerei der Griechen 105
   2. Die Malerei der Etrusker 108
   3. Die Malerei bei den Römern 108

Inhalt.

Seite

II. Die Malerei des Mittelalters 109
    1. Die altchristliche Malerei 109
    2. Die romanische Malerei 112
    3. Die gothische Malerei 114

III. Die Malerei der neueren Zeit 119
    1. Die italienische Malerei des 15. Jahrhunderts . . 119
    2. Die italienische Malerei des 16. Jahrhunderts . . 125
        a. Lionardo da Vinci und seine Schule 125
        b. Michelangelo und andere Florentiner 128
        c. Rafael und seine Schule 130
        d. Correggio und seine Schule 135
        e. Die Venezianer 137
    3. Die nordische Malerei im 15. und 16. Jahrhundert 140
        a. Die niederländischen Schulen 141
        b. Die deutschen Schulen 145
            die schwäbische Schule 145
            die fränkische Schule 148
            die sächsische Schule 150
    4. Die Malerei des 17. und 18. Jahrhunderts . . 151
        a. Italienische Malerei 152
        b. Spanische Malerei 153
        c. Niederländische Malerei 155
        d. Die deutsche Malerei 160
        e. Die französische Malerei 161
        f. Die englische Malerei 161
    5. Die Malerei des 19. Jahrhunderts 163
        Die Münchener Schule 165
        Die Düsseldorfer Schule 167
        Andere deutsche Schulen 168
        In den übrigen Ländern 169

	Seite
Vierter Abschnitt. Die Musik	172
Einleitung. Die Elemente der Tonkunst	172
I. Die Tonkunst im Alterthum	173
II. Die Tonkunst im Mittelalter	174
III. Die Tonkunst des 16., 17. und 18. Jahrhunderts in den Niederlanden und Italien	176
IV. Die deutsche Tonkunst bis 1750	179
V. Die deutsche Tonkunst der klassischen Epoche	183
VI. Die Musik des 19. Jahrhunderts	190

Verzeichniß der Illustrationen.

Fig.
1. Grotte von Elephanta, Seite 3.
2. Restaurirte Ansicht eines ägyptischen Tempels 5.
3. Ornament von Kujjundschik 7.
4. Felsfaçade der persischen Königsgräber 9.
5. Sogenanntes Grab des Midas 10.
6. Grundriß des Poseidontempels zu Pästum 12.
7. Dorische Ordnung. Vom Theseustempel zu Athen 13.
8. Ionische Ordnung. Vom Athenetempel zu Priene 14.
9. Korinthische Ordnung. Vom Monument des Lysikrates zu Athen 15.
10. Ansicht des Theseustempels 17.
11. Römisches oder Composita=Kapitäl 21.
12. Durchschnitt des Pantheons 22.
13. Bogen des Constantin 23.
14. Grundriß der alten Petersbasilika zu Rom 25.
15. Inneres von S. Paolo in Rom 26.
16. Grundriß von S. Sophia zu Constantinopel 28.
17. Arabisches Portal zu Iconium 29.
18. Maurischer Pavillon bei Granada 30.
19. Grundriß einer romanischen Basilika. S. Godehard zu Hildesheim 32.
20. Inneres einer romanischen Gewölbkirche. Dom zu Speier 33.
21. Würfelkapitäl aus dem Dom zu Gurk 34.
22. Romanischer Bogenfries. Kirche zu Wiener=Neustadt 34.

Fig.
23. Portal des Uebergangsstyls. Kirche St. Ják in Ungarn, Seite 35.
24. Aeußeres von S. Etienne zu Caen 36.
25. Inneres eines gothischen Doms. Beauvais 38.
26. Aeußeres eines gothischen Doms. Rheims 40.
27. Katharinenkirche zu Oppenheim 42.
28. Grundriß einer gothischen Kathedrale. Amiens 43.
29. Pal. Vendramin Calergi zu Venedig 45.
30. Hof der Cancelleria zu Rom 46.
31. Durchschnitt der Peterskuppel in Rom 47.
32. Assyrisches Relief. König auf der Löwenjagd 55.
33. Aegyptisches Relief Ramses III. zwischen Thot und Horus 57.
34. Statuen vom Tempel zu Aegina 59.
35. Metope vom Parthenon 61.
36. Vom Fries des Parthenon 61.
37. Juno Ludovisi. Nach Polyklet 62.
38. Kopf der Niobe 63.
39. Laokoon. Im Vatican 65.
40. Belvederischer Apoll 68.
41. Marmorstatue des Augustus in Rom 69.
42. Von den Reliefs der Trajanssäule 71.
43. Sarkophag d. Junius Bassus 73.
44. Diptychon Otto's II. zu Paris 75.
45. Abel sein Opferlamm darbietend. Kanzel zu Wechselburg 76.

XIV   Verzeichniß der Illustrationen.

Fig.
46. Die Anbetung der h. 3 Könige. Von der Kanzel im Baptisterium zu Pisa, Seite 77.
47. Christus an der Kathedrale zu Amiens 79.
48. Gestalten von Tugenden und Lastern. Münster zu Straßburg 80.
49. Die Heimsuchung. Von Andrea Pisano. Baptisterium zu Florenz 81.
50. Relief. Von Lorenzo Ghiberti. Baptisterium zu Florenz 83.
51. Maria das Christuskind anbetend. Von Luca della Robbia 84.
52. Taufe Christi, von Andrea Sansovino. Baptisterium zu Florenz 86.
53. Moses von Michelangelo 87.
54. Grablegung Christi, von Jacopo Sansovino. Sakristeithür von S Marco 88.
55. Relief von Adam Krafft. Stadtwaage zu Nürnberg 90.
56. Sebaldusgrab von P. Vischer 92.
57. Reiterstatue des großen Kurfürsten, von Schlüter 93.
56. Wandbild aus den Katakomben von S. Calisto 110.
57. Mosaik aus der Vorhalle der Sophienkirche 111.
58. Johannes der Evangelist, von Cimabue 113.
59. Wandgemälde von Schwarz-Rheindorf 114.
60. Das Imhoff'sche Altarbild zu Nürnberg 115.
61. Von Giotto's Gemälden in der Arena zu Padua 117.
62. Krönung der h. Jungfrau, von Fiesole 118.

Fig.
63. Johannes nimmt Abschied von seinen Eltern. Von Fra Fil. Lippi im Dom zu Prato, Seite 120.
64. Zacharias schreibt den Namen des Johannes. Von Domen. Ghirlandajo 121.
65. Altarbild von Mantegna. Berlin 123.
66. Madonna, von P. Perugino 124.
67. Aus dem Abendmahl Lionardo's 126.
68. Der Prophet Jesaias. Von Michelangelo 128.
69. Gruppe der Vorfahren Christi. Von Michelangelo 129.
70. Vermählung der Maria, von Rafael 131.
71. Madonna della Sedia, von Rafael 134.
72. Mad. d. Scodella. Correggio 136.
73. Petrus Martyr von Tizian 138.
74. Die Einsiedler aus dem Genter Altar Huberts van Eyck 142.
75. Vom Ursulakasten Memlings 144.
76. Christus am Kreuz. Von Martin Schön 146.
77. Die Madonna des Bürgermeisters Meier, von Holbein. Dresden 147.
78. Ritter, Tod und Teufel. Von Dürer 149.
79. Magdalena, von Guido Reni 153.
80. Der h. Johannes von Murillo 154.
81. Auferweckung des Lazarus, von Rubens 156.
82. Die Kinder Karls I. von van Dyck 157.
83. Die Auferweckung des Lazarus, von Rembrandt 158.
84. Genrebild von Teniers 160.

Erster Abschnitt.

Die Baukunst.

Einleitung. Mittel und Verfahren der Darstellung.

Das Material des Baues ist für die ganze Anlage desselben von größter Bedeutung. Man verwendet:

1) **Die natürlichen Hausteine**, das edelste Material eines Baues, Granit, Sandstein oder Kalkstein; in frühster Zeit angewendet in Aufthürmung von rohen Massen, z. B. bei den Indern. Die schönsten Bauten des Alterthums aus Haustein finden wir bei den Griechen; sie waren meist aus weißem Marmor aufgeführt.

2) **Der Ziegelbau** setzt schon eine entwickeltere Kunststufe voraus, bedarf aber auch außer den Steinen noch anderer künstlicher Mittel (Bindemittel, Abputz), dazu mannigfachere Kenntnisse, z. B. Mathematik.

In neuester Zeit ist der Ziegelrohbau (ohne Abputz) durch Schinkel zur Vollendung gebracht, am schönsten an der Bauakademie in Berlin.

3) **Holz.** Im Mittelalter gab es eine besondere Holzarchitektur, d. h. Gebälk, ausgefüllt mit Ziegeln. Die Balken sinnvoll ornamentirt, davon zeugen noch manche erhaltene Gebäude jener Zeit.

Der Holzbau der Russen ist roh, Baumstämme auf Baumstämme gethürmt. Kunstreich dagegen der Schweizer Holzbau.

Eisen bleibt nur immer ein mächtiger Bundesgenosse.

Soll die Baukunst ihren Platz unter den schönen Künsten behaupten, so muß sie das Nützliche und Zweckmäßige mit dem Wohlgefälligen, Anmuthigen verbinden.

Charakter erhält ein Bauwerk, wenn seine Gestalt, seine Verhältnisse ganz den Zweck ausdrücken, zu dem es bestimmt ist. Die Wirkung kann aber durch künstlerischen Schmuck (Ornamente) gesteigert werden.

Künstler wird der Baumeister erst dadurch, daß er ästhetische Eindrücke durch sein Werk hervorzubringen weiß, daß er sein Werk nach einer ästhetischen Idee anordnet.

I. Die Baukunst der Inder.

Nach Asien, der Wiege der Menschheit, wenden wir unsern Blick zuerst, um den Anfängen der Kunst nachzuspüren und ihrer Entwicklung zu folgen. Wir würden aber irren, wenn wir glaubten, nach Angabe früherer Historiker, in die entlegensten Jahrtausende zurückgehen zu müssen, um unsern Zweck zu erreichen, vielmehr scheint der geschichtliche Gang, mindestens der indischen Kunstentwicklung, erst mit dem Aufkommen des Buddhaismus anzuheben, und gleich in der ersten Periode in großartigen Denkmälern eine ganz bestimmte Form zu gewinnen. Diese wird sodann vom Brahmaismus aufgenommen und mit üppigerem Reichthum und glänzender Phantastik zu wunderbaren Wirkungen gesteigert.

Selbst in seiner späteren politischen Erschlaffung blieb bei dem Hinduvolke mit der alten Religion auch die heimische Bauweise und erlebte bis spät in die moderne Zeit hinein eine Nachblüthe, nicht minder phantastisch und überladen.

Das ausgedehnte Ländergebiet Indiens ist in seinen verschiedenen Bezirken mit einer erstaunlichen Menge von Monumenten bedeckt, deren gemeinsamer Typus bei mannigfachem Wechsel der Form durch die beiden großen indischen Religionssysteme bedingt ist, da sie ausschließlich religiösen Bestimmungen angehören. Die ältesten bekannten Werke sind:

Tope, einfache Grabhügel, in welchen die Reliquien Buddha's

und seiner vornehmsten Schüler aufbewahrt wurden. Sie führten den Namen Dagop, z. B. Thuparamaya-Dagop im Gebiete der alten Residenz Anurajapura.

Grottenanlagen in Felsen. Ursprünglich waren diese bestimmt zu Wohnungen der Nachfolger des Buddha, später zu Tempeln, z. B. Grottentempel zu Ellora: Ravana-Grotte, Indra-Grotte, Dumar-Leyna-Grotte, Kailasa-Grotte.

Die westlichen Ghatgebirge und gegenüberliegenden Inseln (Elephanta) bergen 30 solcher Grotten.

Fig. 1. Grotte von Elephanta.

An der Koromandelküste unfern Sabras liegen die Grottentempel von Mahamalaipur über der Erde aus Felsen gehauen, sie sind Ueberreste einer einst vielleicht mächtigen Königsstadt.

Pagoden. Freie Bauten über der Erde, dem Cultus der Inder gewidmet, z. B. Pagode von Mahamalaipur, Pagode von Jaggernaut.

Ein so gewaltiges Cultursystem wie das indische mußte nothwendig auf seine Umgebung nachhaltige Einwirkung ausüben, daher mit den religiösen Vorstellungen auch die Kunstweise der Hindu sich nach Norden und Süden über das Festland und die großen Inselgruppen ausgebreitet hat. Solche Baudenkmäler sind erhalten in:

Kaschmir, z. B. Tempel von Payach.

Nepal: der große Tempel der Hauptstadt Kathmandu.
Java: Tempel von Boro Budor.
Pegu: Tempel von Rangun.
China: Porzellanthurm zu Nanking.

II. Die Baukunst der Aegypter.

An den Ufern des Nils begegnen wir den frühesten Spuren künstlerischer Thätigkeit, hier finden wir in den Pyramiden von Memphis die ältesten Denkmäler der Erde, die ungefähr in den Anfang des dritten Jahrtausend v. Chr. zu setzen sind. Sie umschließen als künstliche, krystallinisch geformte Berge eine kleine Grabkammer, die den Sarg des Herrschers enthielt. Der Aufbau der Pyramiden geschah durch die Anlage eines terrassenartigen Stufenbaues, der von unten nach oben sich entsprechend verjüngte, und dessen Absätze in umgekehrter Ausführung von oben abwärts bis zur regelrechten schrägen Pyramidenform ausgefüllt wurden. Das Material dieser gewaltigen Bauten besteht fast einzig aus Quadern, selten aus Ziegeln.

Die drei größten Pyramiden liegen in der Nähe von Cairo bei dem Dorfe Gizeh und rühren inschriftlich von den Königen Cheops, Chefren und Menkeres. Die älteste, an der Basis über 700 Fuß im Quadrat messend, hat eine Scheitelhöhe von 450 Fuß; noch höher erhebt sich eine andere, die bei 764 Fuß quadratischer Grundfläche 480 Fuß Scheitelhöhe mißt. Eine Grabkammer enthielt noch den Sarkophag des Königs, der jedoch beim Transport nach Europa untergegangen ist. An der Ostseite jeder Pyramide befindet sich ein kleines Heiligthum, wahrscheinlich für den Todtencultus bestimmt. Mit den Pyramiden sind ausgedehnte Privatgräber verbunden, welche mehr oder minder tief aus dem natürlichen Felsen ausgemeißelt sind.

Eine zweite Glanzperiode des alten Reiches, die etwa ins Ende des dritten Jahrtausend v. Chr. fällt, und die zwölfte Dynastie umfaßt, wird zunächst durch den mächtigen Obelisk des Königs Sesurtesen I. zu Heliopolis bezeichnet, eine ebenfalls für die ägyptische Sinnesweise charakteristische Form, in der sich der schlichte Denkpfeiler zur festen geometrischen Gestalt ausprägt, indem er in

II. Die Baukunst der Aegypter.

monolither Masse von quadratischer Grundfläche, in stetiger Verjüngung schlank aufsteigt und mit pyramidaler Zuspitzung endet; doch findet sich auch schon zu dieser Zeit ein consequent entwickelter Säulenbau.

Um 2000 v. Chr. brach ein asiatisches Volk, die Hyksos, in Aegypten ein und drängte die Herrscher des Landes auf die oberen Nilgegenden zurück. Erst um 1400 v. Chr. gelang die Vertreibung derselben, womit die Aera des „neuen Reiches" beginnt, dessen Mittelpunkt Theben ist.

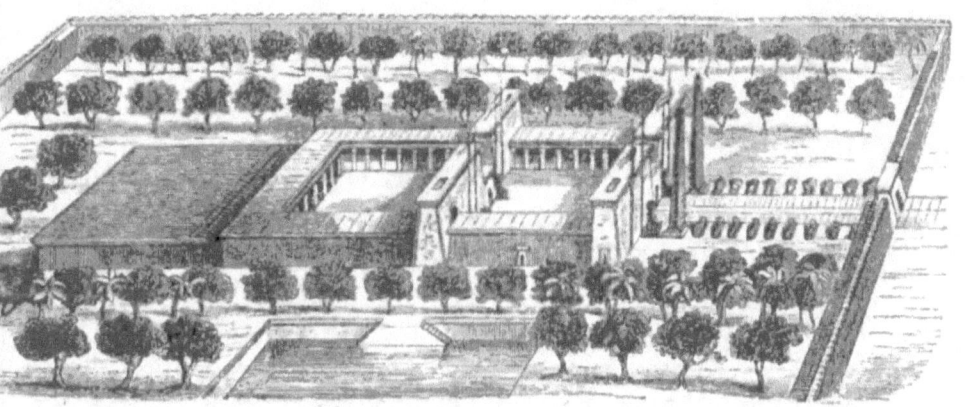

Fig. 2. Restaurirte Ansicht eines ägyptischen Tempels.

In die Zeit des sechzehnten bis dreizehnten Jahrhundert v. Chr. fällt die höchste Entwicklung des Reiches und zugleich erreicht das System der ägyptischen Architektur seine Glanzperiode in dem Bau der Tempel. Mächtige Umfangsmauern pyramidal ansteigend und von dem kräftigen Hohlkehlengesims bekrönt, geben dem Ganzen einen feierlich ernsten, geheimnißvollen Charakter. Keine Fensteröffnung, keine Säulenstellung unterbricht die monotonen Flächen, die nur mit geheimnißvoller, buntfarbiger Bilderschrift, Darstellungen der Götter und der Herrscher, wie mit einem riesigen Teppich bedeckt sind. Thurmartige Pylonen bezeichnen den Eingang, zu dem oft ausgedehnte Doppelreihen von Sphinx- oder Widdercolossen führen. Beim Eintritt findet man zuerst den Vorhof unter freiem Himmel, umschlossen von bedeckten Gängen. Darauf folgt oft ein ausgedehnter Saal, dessen mächtige Decke auf Säulen ruht. An diesen Saal schließt sich der innere Theil des Heiligthumes mit verschiedenen kleineren oder größeren Gemächern, deren innerster Kern die enge, niedrige, geheimnißvoll düstere Cella bildet. Hier thront in mystischer Dunkelheit die Gestalt des Gottes. Alle Räume sind an den Flächen der Wände, Decken und Säulen gleich den Außenmauern mit bildlichen Darstellungen bedeckt, deren bunte Farbenpracht, deren wundersame Symbolik den mächtigen Eindruck dieser Bauwerke auf's Höchste steigert. Die noch in ihren Trümmern gewaltigen Reste des hundertthorigen Theben sind in weiter Ausdehnung auf beiden Ufern des Nils zerstreut. Unter den Tempeln tritt als der wichtigste und größte der Tempel von Karnak hervor; gegründet von Sesurtesen I. wurde er von späteren Herrschern weiter ausgebaut. Der große Tempel zu Luksor war mit dem vorigen verbunden durch eine Allee von Sphinxcolossen.

Außerdem sind von großer Bedeutung die auf der Westseite des Nils in engen Felsenschluchten liegenden Gräber der Könige und Königinnen der thebanischen Dynastie. Ein Labyrinth enger gewundener Gänge führt von einem Vorhof aus in die Grabkammer, welche aus einem auf Pfeilern ruhenden großen Raum, dem sogenannten „goldenen Saal," besteht. Die Wände sind mit farbigen Bildern aus dem Leben des Herrschers bedeckt; in der Mitte erhebt sich der Sarkophag des Verstorbenen.

Andere bedeutende Denkmäler trifft man weiter oberhalb, besonders in Nubien, z. B. der auf der Insel Elephantine erbaute Tempel, ferner die Grabgrotten zu Ipsambul, mit den an der Felsfaçade ausgemeißelten gegen 65 Fuß hohen Statuen Ramses des Großen, des „Sesostris" der Griechen.

Die letzte Epoche ägyptischer Architektur fällt in die Zeit der Ptolemäer, z. B. die Tempel der Insel Philä.

III. Die Baukunst des mittleren und vorderen Asiens.

1. Babylon und Ninive.

In dem vom Euphrat und Tigris durchströmten Gebiete, das sich von den armenischen Gebirgen bis zum persischen Golf erstreckt, ist der Sitz einer hochalterthümlichen Kultur, von deren Wundern

III. Die Baukunst des mittleren und vorderen Asiens.

die Bücher des alten Testamentes in der sagenhaften Ueberlieferung vom Thurmbau zu Babel Zeugniß geben. Der Tempel des Baal, der in acht Terrassenstufen sich bis zu 600 Fuß erhob, muß selbst die größten Pyramiden Aegyptens übertroffen haben. Nicht minder berühmt sind die hängenden Gärten der Semiramis, die mit den Herrscherpalästen verbunden waren. Von allen diesen Werken sind

Fig. 3. Ornament von Kujjundschif.

nur Schutthügel in der Nähe des Dorfes Hillah übrig geblieben, unter welchen man den Tempel des Belus und den Palast des Nebukadnezar (c. 600 v. Chr.) zu erkennen glaubt. Die völlige Zerstörung so großartiger Bauten ist durch das Material, an der Sonne getrocknete Ziegel, bedingt, in welchem sie ausgeführt waren.

Bedeutendere Ueberreste sind durch neuere Ausgrabungen der kolossalen Trümmerhügel, die bei Mosul am oberen Tigris sich in einer Ausdehnung von etwa zehn Meilen erstrecken, zu Tage geför=

bert worden. Mit hoher Wahrscheinlichkeit hat man in diesen Palastruinen, die nach den Dörfern Khorshabad, Kujjundschik und Nimrud genannt werden, die Ueberreste des alten Ninive entdeckt. Es sind complizirte Gebäude mit vielen kleinen Gemächern und langgestreckten Sälen um Höfe gruppirt, erbaut auf hohen Backsteinterrassen. Von architektonischen Formen hat man nicht viel gefunden, namentlich nichts von einem selbstständigen Säulenbau. Dagegen sind sämmtliche Wandflächen mit Reliefplatten von Alabaster oder Kalkstein bedeckt, welche Darstellungen aus dem Leben der Herrscher enthalten. Der obere Theil der Wände zeigt bisweilen prachtvolle bunt glasirte Ornamentplatten, die durch die Schönheit ihrer Zeichnung an griechische Formen erinnern. An den Eingängen sind in der Regel kolossale doppelte Portalwächter angebracht in Gestalt schreitender, mit ungeheuren Flügeln versehener Stiere, die ein mit hoher Tiara gekröntes langbärtiges Manneshaupt statt des Thierkopfs haben. Auch Portale in Rundbogenform hat man entdeckt, die mit bunt glasirten Ziegeln bekleidet sind. Diese Bauten erhoben sich, terrassenartig abgestuft, in verschiedenen Stockwerken, die durch Galerieen auf kleinen Säulchen ihr Licht erhielten. Man setzt die Entstehung dieser Paläste in die Zeit von c. 1000 bis 606 v. Chr. Im letzteren Jahre wurde Ninive durch die Babylonier und Meder zerstört.

2. Medien und Persien.

Die Kunst dieser Völker ist eine jüngere Fortsetzung der babylonisch-ninivitischen. Sie haben wie jene den terrassenförmig aufsteigenden Palastbau, die Anwendung von Backsteingemäuer und die Verkleidung der Wände mit kostbaren Stoffen. Dieser Bekleidungsstyl, den wir im ganzen mittleren Asien wie im alten Aegypten finden, geht aus einer Nachahmung der im Orient in uralter Zeit schon blühenden Teppichfabrikation hervor. Von der Königsburg in Ekbatana, der Hauptstadt Mediens, wissen wir, daß sie sich terrassenförmig in sieben Geschossen erhob, deren Mauern in verschiedenen Farben, ja selbst in Silber und Gold glänzten. Dies deutet auf Bekleidung mit farbig glasirten Ziegeln wie in Ninive. Die Säulen und Balkendecken der Säle waren aus Cedern- und Cypressenholz gefertigt und mit goldenen und silbernen Platten bedeckt.

III. Die Baukunst des mittleren und vorderen Asiens. 9

Bei den Persern tritt durch die Berührung mit den kleinasiatischen Griechen ein neues Element hinzu: der Säulenbau, die Anwendung des Marmors und manche griechische Ornamente. Erhalten sind beim alten Pasargabä, in der Nähe des heutigen Murghab, die Ueberreste eines großartigen Grabdenkmals, in welchem man das Grab des Cyrus (559—529 v. Chr.) erkennt. Ehemals von Marmorsäulen umgeben und von einem wohlgepflegten Park eingefaßt, erhebt es sich auf sieben terrassenartigen Stufen als ein giebelbekröntes tempelartiges Gebäude, dessen Form die Einwirkung griechischer Kunst verräth. Es ist ganz aus weißen Marmorblöcken errichtet und war ehemals mit goldenen Geräthen und Gefäßen und mit Teppichen prachtvoll ausgestattet.

Unter den durch ihre vergeblichen Kämpfe gegen die Griechen bekannt gewordenen Fürsten Darius und Xerxes (bis 467 v. Chr.) entstanden dann die Paläste von Persepolis, deren Trümmer man in der Ebene von M-erbascht sieht. Es ist dies der stolze Bau, in welchen der berauschte Alexander die Brandfackel schleuderte. Große marmorne Doppeltreppen führen auf ein Plateau, welches

Fig. 4. Felsfaçade der persischen Königsgräber.

mit Trümmern ganz übersäet ist, aus deren Massen noch gegen vierzig kolossale Marmorsäulen aufragen. In derselben Gegend haben sich die alten Königsgräber der Perser erhalten, die in den Felsen ausgehöhlt und mit hohen ausgemeißelten Façaden geschmückt sind. Man sieht an denselben eine Nachahmung des per-

10 Erster Abschnitt. Die Baukunst.

sischen Säulenbaues, der durch seine wunderlichen, mit Stier- oder Einhornfiguren ausgestatteten Kapitäle bemerkenswerth ist.

3. Kleinasien.

Die eingebornen mannigfachen Völkerstämme dieses Landes zeichnen sich besonders durch einen eigenthümlichen Gräberbau aus,

Fig. 5. Sogenanntes Grab des Midas.

der bei den verschiedenen Nationen eine selbständige Gestalt annimmt. Die ältesten scheinen die in Lybien zu sein, welche die ursprünglichste Form des Grabhügels (tumulus) oft in kolossaler Ausdehnung anwenden. Das größte derselben ist das sogenannte Grab des Tantalus mit einem Durchmesser von c. 200 Fuß, am Golf von Smyrna gelegen. Aehnliche sieht man in der Gegend der alten Königsstadt Sardes, unter welchen man die Gräber der alten Herrscher des Landes zu erkennen glaubt.

Anderer Art sind die Grabmäler in Phrygien. Wie alle alten Völker entweder künstliche Hügel oder Berge über der Ruhestätte ihrer Anführer aufthürmten, oder wenn die Gelegenheit dazu vorhanden war, die natürlichen Felsen zur Anlage der Gräber benutzten, so haben die Pphrygier ausschließlich Felsengrotten mit künstlich aufgemeißelten Façaden für die Gräber angelegt. Diese Façaden sind ganz mit Linienmustern bedeckt, welche durch bunte Bemalung noch mehr den Charakter von Teppichen erhielten. Die Nachahmung eines leichten Giebelbaues bildet den Abschluß. Berühmt ist das sogenannte Grab des Midas bei dem heutigen Orte Dogan-lu, in einer Höhe von 40 Fuß ausgearbeitet.

Noch anders gestalten sich die Denkmäler in Lycien. Dies hoch romantische Gebirgsland Kleinasiens verwendet größtentheils gemeißelte Felsgrotten zu Gräbern, die dann eine Façade in aufgemeißelten oder frei vortretenden Gliedern, dem allen Gebirgsländern ureigenthümlichen Blockhausbau verwandt, erhalten. In dem ganzen Lande, namentlich bei Xanthus und Myra, sieht man eine große Anzahl solcher Grabanlagen. Andere mit diesen wechselnd wurden aus dem freien Felsgestein als selbständige monolithe Werke herausgearbeitet. Diese erhielten die Form freistehender Sarkophage, jedoch ebenfalls mit deutlicher Nachahmung von Holzconstruktionen. Endlich kommen hier Felsgrotten mit Portiken auf Säulen vor, welche in ihrer Form die Einwirkung der ionischen Griechen Kleinasiens verrathen.

IV. Die griechische Architektur.

Die Kunstform der Architektur entwickelte sich bei den Griechen nur im Tempelbau. Der Tempel erhebt sich auf einem Unterbau von mehreren Stufen, in dem von Mauern umgebenen heiligen Tempelbezirk, fest umschlossen und klar gegliedert, wie ein plastisches Werk. — Suchten die Orientalen in der Massenhaftigkeit, der verwirrenden Kolossalität der Anlagen dem dunklen Triebe nach dem Erhabenen einen Ausdruck zu geben, so erreichten die Griechen durch maßvolle Beschränkung, einfache Klarheit, harmonische Gliederung den Eindruck höchster Würde und festlicher Erhebung.

Die Grundform der Tempel ist die eines Rechtecks, ringsum oder doch an der Schmalseite des Einganges eine Säulenhalle, darüber auf klar gegliedertem, reich geschmücktem Gebälk das sanft geneigte, marmorne Giebeldach. Umgab die Säulenhalle auf allen Seiten den Tempel, so nannte man ihn Peripteros; wurde eine doppelte Säulenhalle herumgeführt, so entstand der Dipteros. Man unterschied Kultustempel und Festtempel. Die innere Einrichtung bei beiden ergab sich so, daß dem Eintritt in die Vorhalle (Pronaos) die Cella und das Hintergemach (Posticum) folgten, wozu noch bisweilen an der Rückseite als besonderer Raum

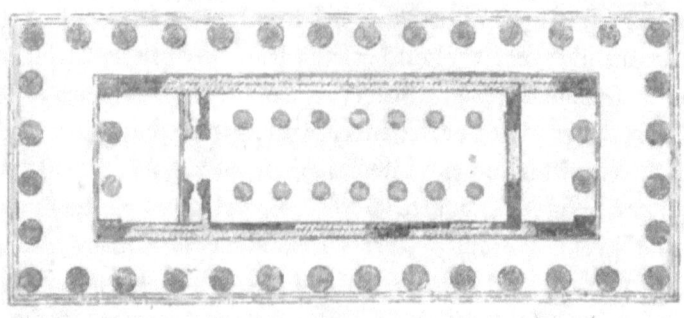

Fig. 6. Grundriß des Poseidontempels zu Pästum.

der Opisthodomus hinzutritt. Bei größerer Räumlichkeit brachte man im Innern zwei Säulenreihen an (vgl. Fig. 6), ließ auch wohl den mittleren Raum ohne Dach, um dem Innern mehr Licht zuzuführen. Man nannte diese Tempel hypäthrale, den freien Himmel zeigende. Bei den Säulen ist zu unterscheiden: die Basis (Fuß), der Stamm (Schaft) mit Kanelluren (rinnenartigen Vertiefungen) bedeckt, das Kapitäl (Säulenhaupt). Ueber den Kapitälen reichen von einer Säulenaxe zur andern die mächtigen Balken des Architravs (Epistyl), auf welchen der Fries mit seinen Bildwerken ruht. Ueber diesem springt nach Außen die weitschattende Platte des Hauptgesimses (Geison) vor, nach Innen die steinerne Balkenlage der Decke, deren Zwischenräume durch dünne Steinplatten geschlossen werden. An den Schmalseiten erhebt sich sodann, von ähnlichem Dachgesims begrenzt, das Giebelfeld mit

IV. Die griechische Architektur. 13

seinen Statuengruppen. Das Dach wird meist von Marmor aufgeführt.

In der alten griechischen Architektur begegnen wir zwei auf gemeinsamer Grundlage durchaus selbständigen Auffassungen, die als dorischer und ionischer Styl dem Charakter der beiden Hauptstämme auf's Genaueste entsprechen. Strenge Gebundenheit, einfache klare Gesetzmäßigkeit bezeichnet in Construktion und Formbildung den dorischen Baustyl. Die Dorer geben der einzelnen Säule keinen Fuß, vielmehr dient der gesammten Säulenreihe die obere Platte des Unterbaues zu gemeinsamer Basis. Am Schaft erkennt man die mächtig aufstrebende, stützende Kraft aus der starken Anschwellung und Verjüngung, sowie an den Kanelluren, meist 20, bisweilen nur 16, die schwach ausgehöhlt in scharfen Kanten zusammenstoßen. Mehrere kräftig unterschnittene Ringe verbinden das Kapitäl mit dem Schafte und lassen das untere Glied desselben, den sogenannten Echinus, mit kräftig vorspringendem und dann scharf eingezogenem Profil aufsteigen. Ueber dem Architrav erheben sich zur Unterstützung des Daches kurze, rechteckig geschnittene Stützpfeiler, die auf der Fläche zwei ganze und auf den Ecken zwei halbe scharf eingezogene Rinnen haben und daher den Namen Triglyphen (Dreischlitze) führen. Zwischen ihnen bilden sich als ungefähr quadratische Felder die Metopen, ursprünglich offen und wohl als Fenster dienend, später regelmäßig durch Steintafeln geschlossen, meist mit Reliefs geschmückt. Metopen und Triglyphen bilden zusammen den Fries. Ueber diesem springt in weiter Ausladung das Kranzgesimse oder Geison hervor, an seiner Unterfläche in Correspondenz mit jeder Metope und Triglyphe

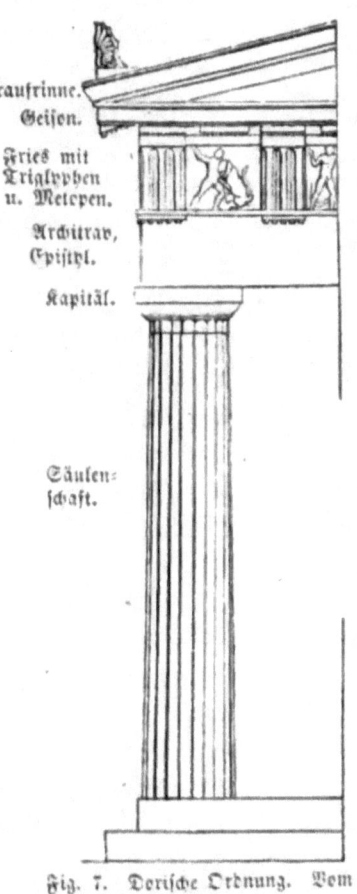

Fig. 7. Dorische Ordnung. Vom Theseustempel zu Athen.

Traufrinne.
Geison.
Fries mit Triglyphen u. Metopen.
Architrav, Epistyl.
Kapitäl.

Säulenschaft.

mit kleinen Platten (Mutuli) besetzt, die durch die sogenannten Tropfen belebt werden. Von den Ecken des Geison steigt in schräger Erhebung ein zweites ähnliches Gesimse auf, um den Einschluß des Giebelfeldes oder Tympanons zu vollenden. Ueber dem Dachgeison erhebt sich die Traufrinne mit ihren Löwenköpfen. Das Giebelfeld wird mit Steinplatten geschlossen und erhält durch Statuengruppen einen entsprechenden Schmuck.

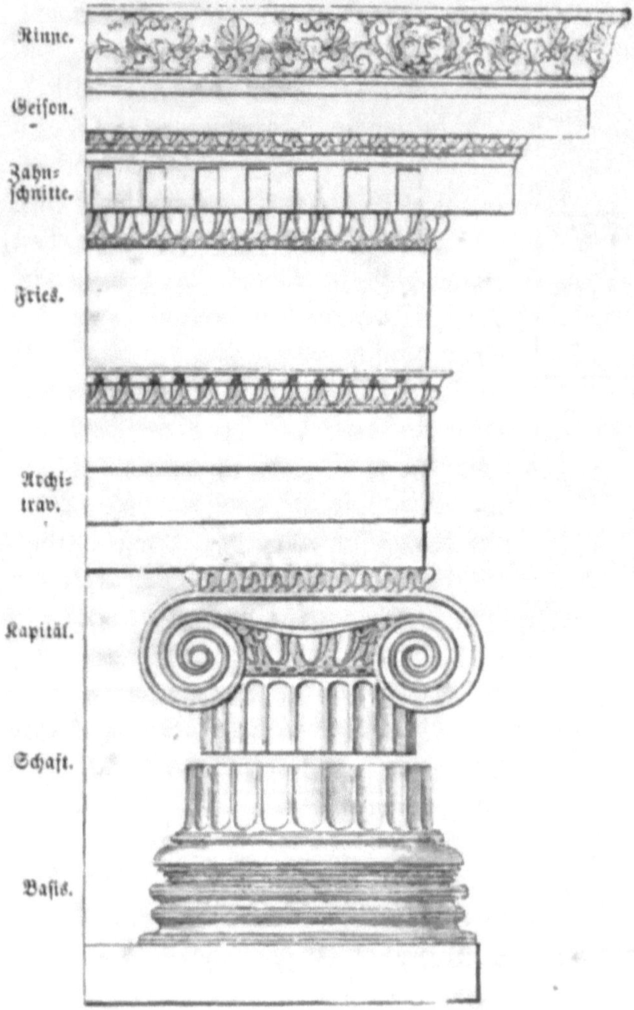

Die plastische Ausstattung des Tempels wurde durch die Anwendung bunter Bemalung, Polychromie, bedeutend gesteigert.

In wesentlich verschiedener Durchführung gestaltet sich der ionische Styl, der an die Stelle streng dorischer Einfachheit das anmuthig bewegliche, aber willkürliche Spiel seiner graziösen Formen bringt. Schon an der Säule erkennt man das verschiedene Geschlecht der ionischen Bauweise. Eine quadratische, mehrfach ausgekehlte Platte bildet die Unterlage, aus der die Säule aufsteigt. Der Schaft ist weit schlanker, die Anzahl der Kanelluren (24) größer,

Fig. 8. Jonische Ordnung. Vom Athenetempel zu Priene.

IV. Die griechische Architektur. 15

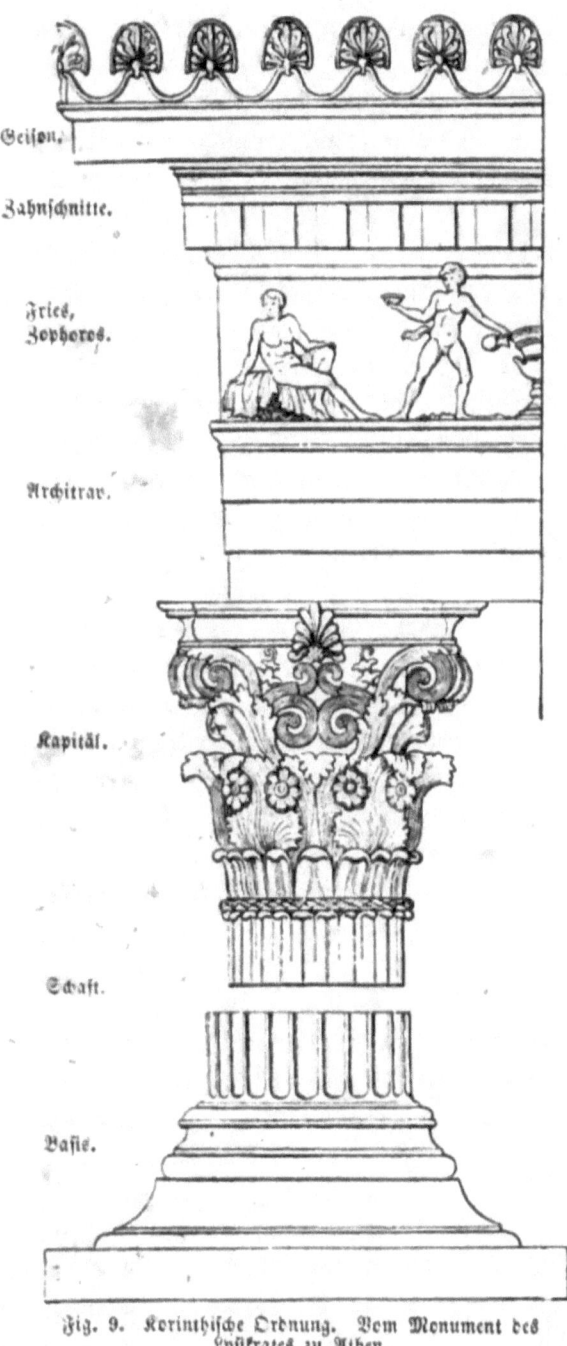

Fig. 9. Korinthische Ordnung. Vom Monument des
Lysikrates zu Athen.

und die einzelnen sind durch einen schmalen Steg von einander getrennt; tiefer ausgehölt enden sie sowohl oben wie unten in kreisförmiger Schlußlinie. Am originellsten gestaltet sich die Form des Kapitäls. Zwar hat es, wie das dorische, einen Echinus, allein über demselben breitet sich statt des einfachen Abakus ein doppeltes Polster aus, das auf beiden Seiten weit vorspringt und in spiralförmiger Windung mit kräftig geschwungenen Schnecken (Voluten) endet. Den oberen Abschluß des Kapitäls bildet eine quadratische mit Blattmustern geschmückte dünne Platte.

Dieselbe reichere, mannigfaltigere Entwicklung der Formen beobachten wir an allen folgenden Gliedern, besonders erhält der Fries eine Umgestaltung, da anstatt der strengen, die ganze Planform beherrschenden Triglyphen- und Metopengliederung ein ununterbrochener gleichmäßig aus aufrecht gestellten Steinblöcken zusammengesetzter Fries angeordnet wird, der nun in ganzer Ausdehnung als Zophoros (Bildträger) mit freien Reliefcompositionen bedeckt ist.

In Attika erlebte nun in Folge der Kreuzung mit dorischen Einflüssen der ionische Styl eine Umänderung, die man treffend als attische bezeichnet.

Endlich ist noch der korinthischen Bauweise zu gedenken, die aber nur als spielende Abart der beiden vorhergehenden einer spätern Zeit entsprungen ist. Während die wesentlichen Grundelemente dem ionischen Style entlehnt sind, bildet sich nur für das Kapitäl in der schlanken kelchartigen Gestalt eine originelle neue Form aus. Diese wird nun in mehreren Reihen mit Blättern umkleidet, welche aufrechtstehend und nach Außen umgebogen mit der Spitze sanft überschlagen. Für diese Blätter wird meistens das elegante, reichgegliederte, fein gezahnte Blatt des Akanthus (Bärenklau) angewendet.

Wie die Griechen aus unscheinbaren Anfängen ihr architectonisches System allmählich zu der vollendeten Gestalt entwickelt haben, in welcher es uns entgegentritt, wird wohl für immer in undurchdringliches Dunkel gehüllt bleiben, doch erkennt man, wenn die feinere Gestaltung der Glieder ins Auge gefaßt wird, in der ganzen Reihe der erhaltenen Denkmäler gewisse Abstufungen, die als Merkmale der verschiedenen Entwicklungsstadien aufzufassen sind.

Die erste Epoche (600—470) läßt sich etwa von der solonischen Zeit bis zu den Perserkriegen abgränzen. Die Bauwerke dieser Epoche, in nicht bedeutender Zahl erhalten, sind noch vorwiegend streng alterthümlich und selbst schwerfällig. In Sicilien sind umfangreiche Reste von mehr als zwanzig Tempeln dorischen Styles vorhanden, namentlich in Selinunt, Agrigent und Segesta. Diesen verwandt zeigt sich der Poseidontempel zu Pästum in Unteritalien, eines der besterhaltenen und schönsten Denkmäler des Alterthums. Geringer sind die Ueberreste in Griechenland selbst. Erhalten ist auf griechischem Boden nur ein Tempelrest zu Korinth.

In Kleinasien wissen wir von gepriesenen Bauwerken, z. B. dem marmornen Tempel der Artemis zu Ephesus; erhalten sind keine erheblichen Ueberreste.

Die zweite Periode (470—338) reicht etwa von den Perser=

IV. Die griechische Architektur. 17

kriegen bis zur macedonischen Oberherrschaft. Den Uebergang von
der älteren, strengeren Weise bezeichnet der Tempel zu Aegina zu
Ehren der Pallas Athene noch von geringerem Material erbaut.
Der Theseustempel zu Athen aus weißem Marmor ist dagegen
schon eines der edelsten Werke des gemilderten attischen Doris=
mus. Ungefähr gleichzeitig mit diesem schönen Denkmal sind zwei
Werke von höchst bescheidenen Dimensionen, die uns den ionischen

Fig. 10. Ansicht des Theseustempels.

Styl in attischer Auffassung zeigen. Das eine ist der jetzt zerstörte
Tempel am Ilissus, das andere der Tempel der Nike Apteros
(der ungeflügelten Siegesgöttin), am Eingange der Akropolis
errichtet.

Die glänzendsten Denkmäler entstanden, während Perikles die
Leitung der Staatsangelegenheiten in Händen hatte. Von den durch
die Perser zerstörten Heiligthümern der Akropolis war es zunächst
der Parthenon, dessen neuer prachtvoller Wiederaufbau nach sechs=

Leitfaden zur Kunstgeschichte. 2

jähriger Bauführung im Jahr 438 zur Vollendung kam. Dieser herrliche Festtempel der Stadtgöttin wurde durch die Meister Iktinos und Kallikrates errichtet und durch Phidias und seine Schüler mit Skulpturen reich und glänzend geschmückt. Die Anlage des Baues, der nur noch in zwei zertrümmerten Hälften vorhanden ist, war die eines Peripteros von beträchtlicher Dimension, 101 Fuß breit und 227 Fuß lang.

Nicht minder berühmt war das großartige Prachtthor, die Propyläen, ebenfalls unter Perikles durch den Architekten Mnesikles erbaut, am westlichen Eingange der Akropolis. In derselben Anmuth, demselben Adel der Verhältnisse ausgeführt, zeigt es zugleich in geistvoller Weise den dorischen und ionischen Styl harmonisch verbunden.

Den vollendeten Glanz, die üppige Grazie des attisch=ionischen Geschmackes lernen wir aber erst im dritten Prachtbau der Akropolis, dem eigentlichen Kultustempel der Athene, dem sogenannten Erechtheion kennen. Es umfaßte viele verschiedene Heiligthümer in mehreren verbundenen Räumen, umschloß nicht blos das heilige Bild der Göttin, die Gräber der alten Heroen des Landes, sondern auch eine Menge hochverehrter göttlicher Wahrzeichen. Auch dieser Tempel war durch die Perser zerstört worden, doch ging man erst nach dem Tode des Perikles an seinen Wiederaufbau. Erhalten bis auf unsere Zeit sind nur einzelne Bruchstücke.

Auch an andern Orten wurde in ähnlicher Weise gebaut, z. B. der Weihetempel der Demeter zu Eleusis, der Zeustempel zu Olympia, der Tempel des Apollo zu Bassä in Arkadien.

Die dritte Epoche, die bis zum Untergang der griechischen Freiheit währt, zeigt die Architektur zwar noch in vielfacher Thätigkeit, aber nicht mehr in der reinen maßvollen Richtung der vorigen Zeit. Orientalische Ueppigkeit und Sinnlichkeit schlich sich ein in die Kultur der Hellenen, ein luxuriöser Privatbau tritt an die Stelle des Tempelbaues, Theater und Paläste werden aufgeführt. Die korinthische Bauweise mit ihren prunkvollen Decorationen macht sich geltend als Kind der Zeit.

Den Uebergang zu dieser Periode bildet der vom Bildhauer Skopas 350 errichtete Tempel der Athene Alea zu Tegea. In Athen selbst sind es besonders kleinere Denkmäler, an welchen die graziöse Zierlichkeit dieses späteren Styles hervortritt, z. B. das des **Lysikrates** für einen im Jahre 334 errungenen Sieg aufgeführt. Von dem **Mausoleum** zu **Halikarnaß**, dem kolossalen Grabmal, welches die Königin Artemisia ihrem 354 gestorbenen Gemahl errichtete, sind neuerdings Bruchstücke plastischer Ausschmückung aufgefunden worden. Auch sonst zeigt Kleinasien Ueberreste von prachtvollen Bauten dieser Epoche im reichsten ionischen Style. So der von Alexander dem Großen eingeweihte Athenetempel zu **Priene** und der berühmte Apollotempel zu **Milet**, ein kolossaler Dipteros von 164 Fuß Breite bei 303 Fuß Länge.

V. Die etruskische Architektur.

Italien hat manches Verwandte in seiner Lage mit Griechenland, aber die größere Entfernung vom Orient, den uralten Stätten der Bildung, machte die Vermittelung der Griechen für Verbreitung allgemeiner Kultur nothwendig. So sehen wir griechische Kolonien schon früh im Süden des Landes erblühen. Die meisten italienischen Staaten bekunden schon durch ihre Sprache, daß sie mit den Griechen demselben Urstamm angehören. Nur die alten Etrusker mit ihrer noch immer unentzifferten Sprache, ihren abweichenden Sitten, ihrer verschiedenen Körper- und Gesichtsbildung, zeigen sich mitten im Herzen Italiens als ein durchaus fremdartiger Stamm. Nach ihrer Unterjochung haben sie sich spurlos verloren, nur Grabstätten zeugen noch von ihrer Bauthätigkeit, aber auch Werke mannigfacher Kunstfertigkeit sind erhalten, z. B. Thongefäße, steinerne Sarkophage. Daß die Etrusker einen Tempelbau hatten, würden wir nicht wissen, wenn nicht schriftliche Nachrichten es bezeugten. Auch der Befestigungsbau hat eine bestimmte Ausbildung erfahren, an den Thoren findet sich mehrfach eine Constructionsform, die uns hier zum ersten Male im Laufe architektonischer Entwicklung entgegentritt, es ist der Bogen aus keilförmig gearbeiteten Steinen gebildet. Solcher Art ist das alte Thor von Volterra. In Rom ist die Cloaca maxima eines der kühnsten und bedeutendsten Beispiele dieser Wölbungsart.

VI. Die römische Architektur.

Den Römern ging die schöpferische Phantasie ab, daher ist ihre Kunst und so auch ihre Architektur nichts ursprünglich Eigenes, von ihnen Geschaffenes, sondern Ueberkommenes, Vorhandenes. Ihre ältesten Bauwerke waren nach etruskischer Weise errichtet, in ihren späteren macht sich die Aufnahme griechischer Formen geltend, doch blieb ein wichtiges Element etruskischer Kunst in der römischen Architektur dauernd in Kraft, und erreichte sogar in ihr einen höheren Grad künstlerischer Durchbildung: der Gewölbebau. Zuerst an Nützlichkeitsbauten, wie der Cloaca maxima, an Wasserleitungen, Brücken und Viaducten verwendet, erhielt die Wölbung bald auch bei den ausgedehntesten Prachtbauten ihre Anwendung. Unter den Wölbungsformen, die wir bei den Römern kennen lernen, ist das Tonnengewölbe die einfachste. Man bezeichnet so den Bogen, welcher zwei gegenüberliegende Wände verbindet. Freier als dieses gestaltet sich schon das von den Römern erfundene Kreuzgewölbe. Es entsteht, wenn über einem quadratischen Raum 2 Tonnengewölbe von gleicher Scheitelhöhe sich rechtwinklig durchkreuzen. Eine dritte Form des Gewölbes ist die Kuppel, neben welcher sich sodann bei den Halbkreisnischen (Apsiden) Halbkuppelgewölbe angewandt finden. Mit dieser Summe von Wölbungsformen wußte man nicht allein die Räume mannigfach zu gestalten, sondern auch den Wänden außen und innen eine höchst lebendige Gliederung zu verleihen. Dennoch wäre das ganze System ein ziemlich nüchternes geblieben, wenn die Römer nicht anderswoher ein Element künstlerischer Durchbildung entlehnt hätten. Dies war der Säulenbau der Griechen, der sowohl bei den Hallen der Basiliken und der Märkte, bei den reichausgebildeten Höfen der Häuser, als auch vorzüglich bei der Anlage der Tempel seine Anwendung fand. Oftmals kamen die drei griechischen Ordnungen an demselben Gebäude zur Bezeichnung der einzelnen Stockwerke vor. Außer diesen entwickelte sich bei den Römern eine eigenthümliche Abart der korinthischen Form, das sogenannte Composita- oder römische Kapitäl. Damit sind wir bei dem Punkte angelangt, der die Bedeutung der römischen Architektur ausmacht: die Verbindung von Säulenbau und Gewölbebau.

VI. Die römische Architektur. 21

Die älteste Epoche der römischen Architektur scheint ausschließlich durch etruskische Einflüsse bestimmt gewesen zu sein, so die Tempel und die großen Abzugskanäle zur Entwässerung der Stadt, zur Zeit der tarquinischen Herrschaft.

Fig. 11. Römisches oder Composita-Kapitäl.

Die ältere Epoche der Republik that sich vorzüglich in Nützlichkeitsbauten hervor. Die Via Appia, sowie mehrere Wasserleitungen, deren Trümmer noch vorhanden, sind großartige Zeugnisse dieser Epoche (312 v. Chr.). Zeitig machte sich jedoch der griechische Einfluß geltend, besonders seit die Römer, etwa 150 v. Chr., Griechenland unterjocht hatten. So wurden aus der macedonischen Kriegsbeute des Metellus die ersten prachtvolleren Tempel in griechischer Form gebaut, und die Basiliken erhielten ihre Ausbildung. Dies waren Gebäude von länglich viereckiger Grundform, deren breiter Mittelraum ringsum in zwei Geschossen von Säulenhallen umzogen wurde. Während diese Räume dem Geschäfts- und Handelsverkehr bestimmt waren, diente eine große, an der einen Schmalseite angebrachte Halbkreisnische, als erhöhtes Tribunal, als Ort der öffentlichen Gerichtsverhandlungen.

Gegen das Ende der republikanischen Zeit, als die das Reich erschütternden Kämpfe um die Einzelherrschaft begannen, griff in den baulichen Unternehmungen eine Großartigkeit und Pracht um sich, die an die Stelle republikanischer Einfachheit einen fürstlichen Prunk setzte. Das Theater, welches M. Scaurus im Jahre 58 für 80,000 Zuschauer baute, war zwar noch aus Holz, allein mit den kostbarsten Stoffen, mit Gold, Silber, Elfenbein bekleidet und mit prachtvollen Marmorsäulen und einer Anzahl eherner Statuen geschmückt. Drei Jahre darauf konnte Pompejus schon das erste steinerne Theater in Rom errichten, das 40,000 Zuschauer faßte. Cäsar vergrößerte und verschönerte den Circus Maximus, erbaut von Tarquin dem Aelteren, der bis auf spärliche Trümmer ver-

nichtet. — Aber alle diese und viele andere Bauten waren nur
der Uebergang zu jener herrlichen augusteischen Zeit, welche die
edelste Glanzepoche des römischen Lebens bildet. Das großartigste
Denkmal dieser Zeit ist das von Agrippa erbaute Pantheon.
Der bis auf unsere Zeit erhaltene Bau zeigt die in der altitalischen
Kunst beliebte Rundform. Das Innere hat 132 Fuß im Durch=
messer und ebensoviel in der Höhe. Manche disharmonische Ver=
änderungen sind später an diesem Prachtbau vorgenommen, die

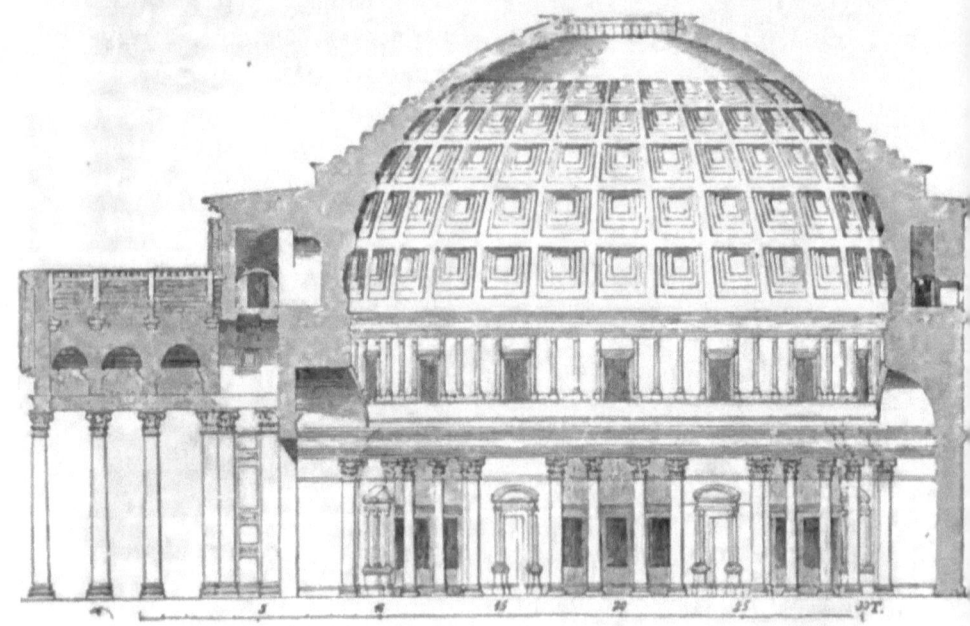

Fig. 12. Durchschnitt des Pantheons.

kostbaren Säulen aber aus gelbem Marmor mit Kapitäl und Basen
aus weißem Marmor, und die Marmorbekleidung der untern Wände
zeugen noch von der alten Pracht. Weiter sind zu nennen als
hervorragende Bauten dieser und der Folgezeit: Das Theater
des Marcellus, noch erhalten in seinen gewaltigen Ueberresten
im Palaste Orsini. Vom großartigen Mausoleum des Augustus
sind nur noch die Umfangsmauern des Unterbaues vorhanden. Nach
dem Kaiser Augustus, der sich rühmen durfte, die backsteinerne Stadt
in eine marmorne verwandelt zu haben, scheint die Baulust eine
Zeitlang nachgelassen zu haben. Mit den Flaviern, 69 n. Chr.
beginnt eine zweite Glanzepoche der römischen Architektur. Obenan

VI. Römische Architektur. 23

steht: das **Colosseum**, ein Amphitheater; es wurde von **Vespa-
sian** begonnen und von **Titus** vollendet. Dieser größte Riesen-
coloß des Alterthums ist in seinen Haupttheilen erhalten. Der
Triumphbogen des Titus, aus dem Jahre 70 nach Christo,
erhalten in großartigen Resten. Der prachtvolle **Triumphbogen
des Constantin**, aus einem frühern Trajansbogen errichtet. —
Das Mausoleum des Hadrian hielt im Durchmesser 226
Fuß, es war bekleidet mit Parischem Marmor und den Gipfel
krönte eine Quadriga. Es ist noch erhalten unter dem Namen
Engelsburg.

Fig. 13. Bogen des Constantin.

Aus der letzten Zeit antiken Lebens stammt die **Basilika des
Constantin**, begonnen von **Maxentius**. Wie Felsblöcke liegen Trümmer des herabgestürzten Gewölbes umher, aber selbst in dieser Zerstörung überragen die drei stehen gebliebenen Tonnengewölbe sammt
der an das Seitenschiff später angebauten Apsis die benachbarten
Gebäude und dominiren mit dem Colosseum überall sichtbar die
weithingestreckte Trümmerstadt.

Unter den verschiedenen Fora Rom's steht oben an das **Forum
Romanum**; durch die große Pracht und schöne Anordnung seiner

Bauwerke ausgezeichnet. — Auch das vom Baumeister Apollodoros aufgeführte Forum Trajanum ist hervorragend durch Umfang, Pracht und Glanz; es hatte in der Mitte die Marmorsäule, welche das Bildniß des Kaisers trug.

Eine besondere Erwähnung verdienen noch die Monumente von Pompeji, die eine Anschauung von dem Uebergange aus der hellenischen in die römische Form gewähren. Wir schauen in den Triumphthoren, Bädern, Tempeln, Stadtmauern und Thoren den damaligen Zustand Rom's etwa im Duodezformat. Die Wohnhäuser, z. B. das Haus des Sallust, zeugen von dem heitern Lebensgenusse ihrer Bewohner.

VII. Die altchristliche Architektur.

Um die ersten Spuren einer christlichen Baukunst zu finden, müssen wir hinabschreiten in die Katakomben, die den erdrückend engen Schachten und Stollen der Bergwerke gleichen, Gänge, welche in schwärzlichen, porösen Tuffstein gebrochen sind und vernehmlich zur Beisetzung der Todten gedient haben, daher auch Cömeterien genannt. Rechts und links sind die Seitenwände dieser Katakomben vielfach ausgehöhlt und zeigen niedrige und schmale längliche Oeffnungen, kaum geräumig genug, um einen Körper aufzunehmen. In diese Löcher zwängte man den Leichnam der Gestorbenen und verschloß die Oeffnung mit einer Platte, welche den Namen oder sonstige künstlerische Bezeichnung des Grabes erhielt. Wo indessen besonders ausgezeichnete Personen, Bischöfe oder gar Märtyrer beerdigt werden sollten, da höhlte man eine größere Grabkammer aus und gab den Wänden einigen Schmuck durch bescheidene Malereien. Auch sonst finden sich bisweilen geräumigere und höhere Kammern, überwölbt und mit Nischen versehen, Wände und Decken mit Malereien geschmückt, offenbar kapellenartige Anlagen, zur Abhaltung des Gottesdienstes bestimmt.

Diese kunst- und formlosen Anfänge einer christlichen Baukunst gehören den ersten Jahrhunderten unserer Zeitrechnung an. Erst als der christlichen Lehre staatliche Anerkennung ward, sah man sich auch veranlaßt und im Stande, würdigere Gotteshäuser zu bauen.

VII. Die altchristliche Architektur. 25

Obwohl nun die Bauart der heidnischen Tempel sich wenig für diese Zwecke eignete, und diese nur ausnahmsweise dafür verwandt worden ist, so konnte man doch nicht umhin, von den Constructionen der antiken Zeit Gebrauch zu machen und fand die Bauart und Form der verschiedenartigen römischen Basiliken dem Bedürfnisse entsprechend. Der längliche, viereckige durch Säulenstellungen in drei oder fünf Langschiffe getheilte Raum bot der Gemeinde die erforderliche Räumlichkeit, und das halbkreisförmige, meist erhöhte, abgeschlossene Ende eignete sich zur Aufnahme des Altars. Hier fanden der Bischof und die Priester, der Gemeinde gegenüber, ihre Sitze. So entstanden die altchristlichen Basiliken, man stellte sie von Ost nach West und zwar so, daß der halbrunde Schluß des Mittelschiffes (Apsis oder Concha) nach Morgen um einige Stufen erhöht ward. Dieses Halbrund ward für den Altar bestimmt, zugleich durch ein die Kreuzform vollendendes Querschiff vom Uebrigen geschieden. Auf der Grenze zwischen Langhaus und Apsis erhob sich der Altar, über ihm öffnete sich der Triumphbogen, oft auf zwei besonders mächtigen Säulen ruhend. Man verband die Säulen durch Halbkreisbogen, und gab dem Mittelschiffe eine größere Höhe und Breite als den Seitenschiffen. Die hohe Obermauer des Schiffes war in abgemessenen Abständen durch eine Reihe großer, weiter, im Rundbogen geschlossener Fenster durchbrochen, welche dem Raum ein mächtiges Oberlicht zuführten. Auch in den niedrigen Umfangsmauern der Seitenschiffe sind manchmal Fenster angebracht; die Apsis dagegen blieb in der alten Zeit fensterlos, in mystischem Halblichte, aus welchem die Reflexe der Goldmosaiken feierlich hervorschimmerten. Für jedes Schiff gab es einen besonderen Eingang, bei großen Kirchen aber für das mittlere drei. An diese Eingänge schließt sich regelmäßig eine Vorhalle, welche gewöhnlich sich zu

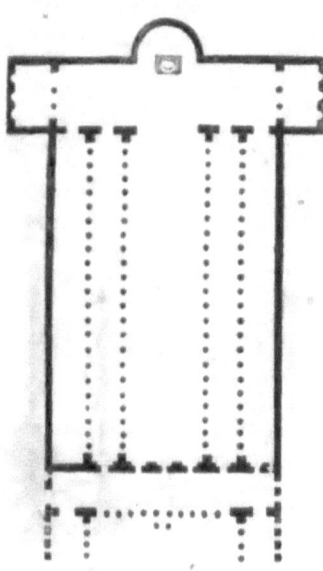

Fig. 14. Grundriß der alten Petersbasilika zu Rom.

einem stattlichen Atrium mit viereckigem freien Hofraum und umgebenden Säulenhallen ausbildet. Die ältesten Basiliken sind die schönsten, weil diesen in den Trümmern der antiken Tempel und Prachtgebäude reiches Material zur Ausstattung geboten war.

Fig. 15. Inneres von S. Paolo in Rom.

Unter den erhaltenen Basiliken war an Alter, Großartigkeit der Anlage und Pracht der Ausstattung die im Jahre 1823 durch Brand zerstörte und neuerdings, leider im modernen Geiste wiederhergestellte Kirche San Paolo vor Rom die vornehmste, 386 unter Theodosius und Honorius erbaut.

Noch aus Constantins Zeit stammte die durch den Neubau von St. Peter im 15. Jahrhundert zerstörte alte Peterskirche. Vom Ende des 5. und Anfange des 6. Jahrhunderts stammen die beiden vor den Thoren Roms liegenden Basiliken San Lorenzo und St. Agnese. — Dem 9. Jahrhundert gehören S. Prassede und San Clemente.

Unter den erhaltenen Denkmälern zu Ravenna ist das bedeutendste St. Apollinare in Classe, der ehemaligen Hafenstadt Ravenna's.

Zufolge altdeutscher Chronisten müssen die meisten Kirchenbauten dieser Zeit in den germanischen Ländern im Wesentlichen der Form der römischen Basilika gefolgt sein. Von einem dieser Werke, der Klosterkirche zu St. Gallen und den dazu gehörigen Klostergebäuden ist der ganze Plan erhalten, welchen ein Baumeister am Hofe Ludwig des Frommen um 830 entwarf.

Unter den wenigen erhaltenen römischen Basiliken des altchristlichen Orients ist die Marienkirche in Bethlehem hervorzuheben, sie soll über der Geburtsstätte Christi errichtet sein.

VIII. Byzantinische Architektur.

Gleichzeitig mit der abendländischen Basilika entwickelte sich im byzantinischen Reiche im Anschluß an altrömische Vorbilder (die achteckigen Baptisterien und Rundbauten) ein neuer Styl der Architektur, dessen Hauptelemente in der centralen Anordnung der Theile um einen Mittelpunkt und der für die hervorragendsten Räume beliebten Bedeckungsform des Kuppelgewölbes zu suchen sind. An die Stelle des Säulenbaues der Basiliken tritt ein Pfeilerbau mit seinen breiten Flächen und mächtigen Wölbungen, und nur in untergeordneter Weise fügen sich Säulenstellungen als Träger der Emporen und Begrenzer der Seitenräume jenen großen Hauptformen ein. Nur die für den Altardienst nothwendige Apsis störte die Harmonie in der Bauanlage. Für die Ausstattung der Räume werden in reicher Pracht an den Wänden und Pfeilern bunte Marmorbekleidung, an den Gewölben der Kuppeln, Halbkuppeln und Nischen glänzende Mosaikbilder angewendet. Die Säulen mit ihren Basen und Kapitälen, die Gesimse, Friese, Thür- und Fenstereinfassungen, sowie die Schranken der Emporen wurden aus Marmor gebildet und mit Ornamenten bedeckt.

Ein solches Denkmal entschieden byzantinischer Architektur ist S. Vitale in Ravenna, noch unter der Herrschaft der Ostgothen erbaut. Das höchste Vorbild für diese morgenländische Baukunst wurde aber die **Sophienkirche** in Constantinopel, erbaut 532 bis 537, unter der Regierung des Kaisers Justinian, während die um 900 erbaute **Muttergotteskirche** zu Konstantinopel ein anziehendes Beispiel späterer byzantinischer Bauweise ist. Von der weiteingreifenden Wirkung des byzantinischen Einflusses ist die **Münsterkirche zu Aachen** ein Beispiel. Von Karl dem Großen in den Jahren 796—804 erbaut, ist sie ein werthvolles Denkmal der Baukunst des Nordens.

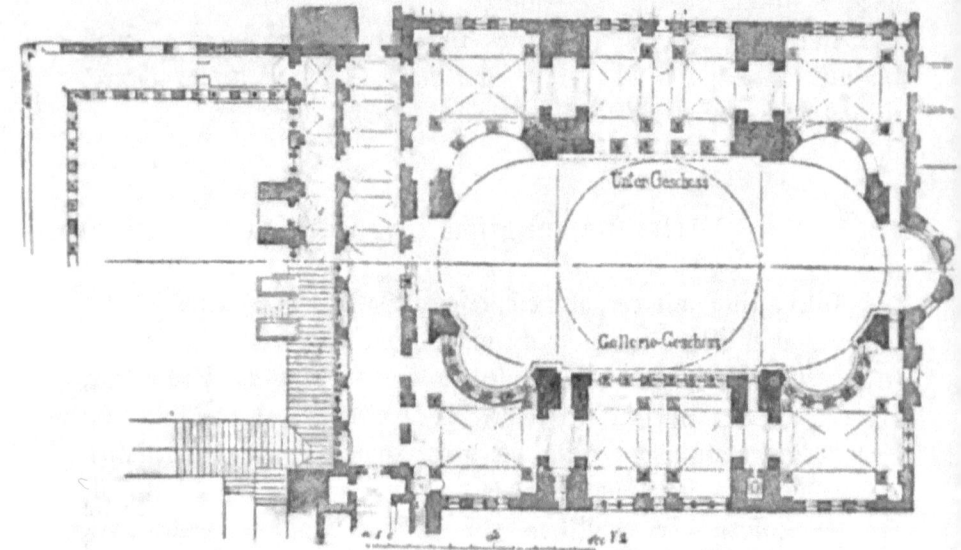

Fig. 16. Grundriß von S. Sophia zu Constantinopel.

IX. Die Architektur des Islam.

Die Entfaltung der muhamedanischen Architektur knüpft sich zunächst an die religiösen Bedürfnisse, die in mancher Hinsicht denen des Christenthums entsprechen. Eine geräumige Halle (**Mihrab**) für die Betenden mit einem besonders heiligen Raume (**Kiblah**), wo der Koran aufbewahrt wird, ist Haupterforderniß jeder Moschee. Daran schließt sich ein großer Hof mit einem Brunnen für die Waschungen der Pilger. Schlanke, thurmartige **Minarets**, von denen herab der Muezzin die Gläubigen zum Gebete ruft, sind ebenfalls unumgänglich, und schließlich verbindet sich oftmals ein kuppelartiges Grabdenkmal des Stifters mit der übrigen Anlage.

IX. Die Architektur des Islam. 29

Grundform der Moscheen war entweder der byzantinische Centralbau oder ein quadratischer Hof, ringsum von Hallen umgeben, im Innern das Heiligthum.

Der Kunstsinn der Araber war nicht stetig genug, um die Architektur im construktiven Sinne bedeutend zu fördern, doch führte

Fig. 17. Arabisches Portal zu Iconium.

die Beweglichkeit ihrer Phantasie dahin, mancherlei originelle Bildungen der architektonischen Tradition hinzuzufügen. Bei den ausgedehnten Hallen und Arkaden, deren die Moscheen bedurften, kam ein mannigfacher Säulen- oder Pfeilerbau zur Anwendung. Zur Verbindung derselben entstanden neben den Halbkreisbogen Spitzbogen, Hufeisenbogen, Kielbogen. In der Ueberdeckung der Räume folgte man entweder dem in der altchristlichen Basilika herrschenden Systeme der Holzdecke oder dem byzantinischen Kuppelbau. Neben diesen schlichten Deckenbildungen entstand nun aber früh bei den Arabern eine ihnen ausschließlich angehörende Form der Wölbung, die man **Stalaktitengewölbe** nennt und die mehr als irgend ein anderes Detail ihren Charakter ausdrückt.

Die Ornamentik der Araber nimmt eine entschiedene Richtung auf die Flächendecoration. In buntem Spiele werden die Wände mit einer unerschöpflichen Fülle reizender Formen überdeckt, so daß man an die prächtigen Teppiche des Orients und an die leichten Zelte nomadischer Wanderer erinnert wird. Indeß, nur das Innere

Fig. 18. Maurischer Pavillon bei Granada.

wird so reich geschmückt, dem Aeußeren ist gewöhnlich strenge Schmuck= losigkeit zugetheilt. Was in Arabien, Palästina und Syrien an ältesten Monumenten der arabischen Baukunst erhalten ist, zeugt von dem unklar Schwankenden der noch jugendlichen Kunst. So die Kaaba zu Mekka, die berühmte Moschee Omars zu Je= rusalem und die große Moschee des Kalifen Walid zu Da= maskus. In Aegypten zuerst gestaltete sich die Kunst der Araber zu einem festen Systeme und zu bedeutender Durchbildung. Gegen=

über den uralten Pharaonenbauten erhob sich hier die Architektur des Islam zu einer überraschenden Großartigkeit.

In keinem Lande hat die Kunst des Islam aber eine so edle und feine Blüthe entfaltet, als auf der Pyrenäischen Halbinsel. Die Nähe des christlichen Abendlandes, die beständigen Beziehungen zu seinen Rittern verlieh dem maurischen Leben einen starken Zusatz von abendländischem Geiste, durch den auch die Kunst beeinflußt ward. Die Architektur nahm in glänzender Weise Theil an diesen Vorzügen.

Bald nach Eroberung des Landes baute Abderrahman eine prachtvolle Moschee zu Cordova (786), die den berühmten Heiligthümern von Jerusalem und Damaskus gleich kommen sollte.

Seinen Höhepunkt erreichte der maurische Styl jedoch erst in den Bauten, welche die glanzvolle Schlußepoche der Herrschaft des Islam im Königreich Granada verherrlichen. Die gewaltige Veste der Alhambra auf steil emporragendem Felsen über der Stadt Granada thürmte sich etwa seit 1250 empor, doch wurde die größere Hälfte erst im 14. Jahrhundert hinzugefügt.

Die orientalischen Reiche wurden ebenfalls zeitig dem Islam unterworfen, doch repräsentiren ihre glänzendsten Denkmäler die letzte Epoche einer selbstständigen Kunst. — Mit der Eroberung Constantinopels durch die Türken (1453) trat für den Orient ein Wendepunkt ein in der architektonischen Entwicklung. — Die prachtvolle Sophienkirche, zur Moschee umgewandelt, ward Vorbild. Ein Jahrhundert später wurde die Moschee Selim II. zu Adrianopel in ähnlichem Styl vollendet (1566).

X. Die romanische Architektur.
(10. bis 13. Jahrh.)

Die altchristliche Basilika wurde überall als die kanonische Form des Kirchenbaues angenommen und erlebte im Verlauf einer halbtausendjährigen Entwicklung eine Reihe von Phasen, die aus dem anfangs so schlichten Keim eine der vollendetsten Schöpfungen der Baukunst aller Zeiten hervorgehen ließ.

Die zu Grunde liegende Basilikenform ward weiter ausgebildet zunächst dadurch, daß die erhöhte für Priester und Sänger bestimmte Altarnische verlängert und Chor genannt ward. Unter demselben wurde eine gewölbte niedrige Gruftkirche Krypta angelegt.

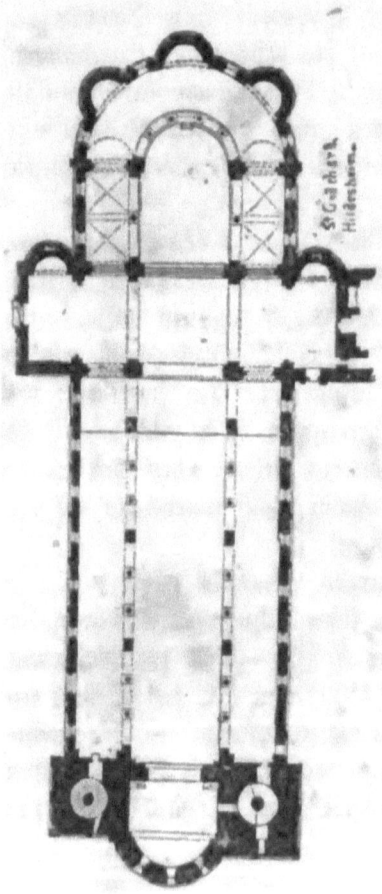

Fig. 19. Grundriß einer romanischen Basilika. S. Godehard zu Hildesheim.

Das hohe Mittelschiff des Langhauses mit den niedrigeren Seitenschiffen blieb; so auch das Querschiff, wodurch die Kreuzgestalt der Kirche ausgeprägt wurde, wenn sie auch nicht immer nach Außen hervortritt. Die gegen das Schiff liegenden Schranken versah man oft mit einer Art von Tribüne, von welcher man dem Volk das Evangelium vorlas, daher der Name „Lettner" (lectorium). Apsiden und Nischen fanden mehrfache Anwendung.

Um Raum zu schaffen für die ganze Gemeinde, die Zutritt zum Gotteshause haben sollte, ließ man das ausgedehnte Atrium wegfallen und gestattete höchstens eine kleine Vorhalle. Meistens ward das große Hauptportal im Westen von zwei Thürmen eingeschlossen, die fortan in der nordischen Kunst unmittelbar mit dem Kirchengebäude verbunden blieben. Die flache Decke wich später beim Gewölbe und zwar in der Regel dem Kreuzgewölbe; seltener wurden, namentlich in Frankreich, Tonnengewölbe oder Kuppeln gebraucht. Pfeiler und Säulen fanden Anwendung in der verschiedensten Weise. Man suchte die hohe Obermauer des Schiffes zu beleben, indem man über den Arkaden ein Gesimse sich hinziehen ließ, über diesem erhoben sich dann die Fenster; doch kleiner als bei den altchristlichen Basiliken. Solche Fenster, nur kleiner als die oberen, wurden auch in der Umfangsmauer der Seitenschiffe und in

X. Romanische Architektur.

den Apsiden angebracht, drei in der Hauptapsis, in den kleinen je eins. Der Rundbogen blieb herrschend, wenn auch später Spitzbogen vorkamen. Besonders mannigfach war die Ausbildung der Säulenknäufe; an Stelle der antiken Formen traten zierliche

Fig. 20. Inneres einer romanischen Gewölbkirche. Dom zu Speier.

Kelchformen oder Würfelcapitäle, welche beide später oft reich und geschmackvoll mit Blattwerk, mit wunderlichen Thier- und Menschengestalten verziert wurden. Der leichte, die Wandfläche gliedernde Bogenfries wurde charakteristisch. Mittelpunkt der Hauptfaçade war das Hauptportal, an dem sich die volle Pracht der Ornamentik entfaltete, doch erstreckt diese Pracht sich auch über alle übrigen Glieder des Baues und ergeht sich in großer Freiheit: Blumen und Blätter wechseln mit linearen Ornamenten, Thier= und Menschenleiber, monströse Gebilde aller Art erscheinen theils von tief symbolischem Gehalte, theils lediglich Ausfluß der nordischen Phantastik. Das sogenannte Radfenster findet schon mitunter seinen Platz über dem Hauptportal.

Fig. 21. Würfelkapitäl aus dem Dom zu Gurk.

Die rastlos forttreibende Entwicklung, die uns als Merkmal mittelalterlicher Kunst entgegentritt, brachte im romanischen Style gegen den Ausgang seiner letzten Blüthezeit eine merkwürdige Be=

Fig. 22. Romanischer Bogenfries. Kirche zu Wiener=Neustadt.

wegung hervor, die den strengen reinen Charakter dieser Architektur allerdings trübte, mancherlei Beimischungen fremdartiger Formen aufnahm, aber gleichwohl am Grundprinzip romanischer Bauweise fest hielt, und sogar derselben die glänzendste, reichste, freiste Entfaltung gab, deren diese fähig war. Man nennt diese Erscheinung, weil sie zeitlich zwischen den streng romanischen Styl und die Gothik gestellt

ist, „Uebergangsstyl," seine Herrschaft beschränkt sich auf die
Zeit von 1175—1250. Hervorgegangen war sie aus dem gestei=
gerten Bedürfnisse nach schöneren, reicheren, eleganteren Werken.
Die Kreuzzüge hatten die glänzende Kultur und Bauweise des
Orients nahe gebracht und es drangen orientalische Formen ein in
die abendländische Kultur. Spitzbogen, Kleeblattbogen, Hufeisen=

Fig. 23. Portal des Uebergangsstyls. Kirche St. Ját in Ungarn.

und Zackenbogen, tiefere Auskehlung der Säulen, schlankere Kelch=
form der Kapitäle. Am höchsten steigerte sich der decorative Effect
bei den Portalen, auch das Radfenster erhielt eine brillante Ent=
faltung. —

Romanische Bauwerke der älteren Zeit und daher noch flach=
gedeckte Basiliken finden sich namentlich in Sachsen, z. B. die Schloß=
kirche zu Quedlinburg; doch auch in den übrigen Theilen Deutsch=

36 Erster Abschnitt. Die Baukunst.

Fig. 24. — Aeußeres von S. Etienne zu Caen.

lands, z. B. die Klosterkirche zu Paulinzelle, jetzt eine der schönsten Ruinen mitten im Thüringer Walde. Schon der Blüthezeit näher steht der Dom von Hildesheim. Am Rhein ist eine der mächtigsten Säulenbasiliken die Klosterkirche zu Limburg in der Pfalz, ebenfalls in Trümmern. Der Dom zu Trier wurde durch Erzbischof Poppo umgebaut und vollendet (1047). —

Der Gewölbebau trug in Deutschland zuerst in den rheinischen Gegenden den Sieg über die flachgedeckte Basilika davon, so z. B. der Dom zu Mainz, der Dom zu Speyer und der zu Worms, aus dem 12. Jahrhundert, ferner das Münster zu Bonn, die Pfarrkirche zu Gelnhausen, der Dom zu Limburg. Mit diesen Beispielen sind wir aber schon theilweise zum Uebergangsstyl gelangt, der besonders repräsentirt wird durch den Dom zu Naumburg und den herrlichen Dom zu Bamberg. In Wien gehört die Façade der Stephanskirche mit der reichen „Riesenpforte" sowie der edle Schiffbau der Michaeliskirche hierher.

In Norddeutschland, wo es an natürlichem Stein fehlt, führte man seit dem Anfang des 12. Jahrhunderts in demselben romanischen Styl ansehnliche Kirchen in Backsteinen auf, bei welchen früh der Pfeiler- und Gewölbebau zur Herrschaft kamen. Beispiele sind die Klosterkirchen zu Jerichow, Zinna und Arndsee, der Dom zu Ratzeburg u. A.

In Italien finden wir eine viel größere Verschiedenheit in der romanischen Architektur, da neben dem Anknüpfen an die altchristliche Basilika auch eine Aufnahme byzantinischer Anlagen Statt fand, z. B. Kathedrale zu Pisa, San Michele zu Lucca, San Marco zu Venedig, der Dom zu Modena, Kirche San Miniato bei Florenz, Kapelle Palatina zu Palermo (11.—12. Jahrhundert).

Auch in Frankreich begegnen uns zahlreiche Bauten auf der Grundlage des Romanismus, z. B. St. Sernin zu Toulouse, St. Etienne zu Caen; desgleichen in Spanien: Kathedralen zu Tarragona und Zamora.

Endlich erhielt auch England durch die Normannen den schon in der Normandie ausgebildeten Rundbogenstyl, jedoch bei schweren Pfeilern mit Fortlassung der Gewölbe, für welche flache Decken eintreten. So an den Kathedralen zu Durham, Peterborough und noch an anderen Bauten.

XI. Die gothische Architektur.

Fig. 25. Inneres eines gothischen Doms. Beauvais.

Dieser Styl hat seinen Namen nicht von den Gothen, die Italiener nannten ihn nur spottweise so und wollten ihn dadurch als seltsam, alterthümlich bezeichnen; deutsch darf man ihn nennen, weil, obgleich schon die maurische Kunst den Spitzbogen kennt, auch dieser Styl bereits im letzten Drittel des 12. Jahrhun-

XI. Die gothische Architektur.

berts bei der gemischten Bevölkerung Nordfrankreichs sich findet und von da kurz darauf nach England übergeht, derselbe erst durch das Vorwalten des germanischen Geistes seine normale Entwicklung findet. Zuerst wird der gothische Styl schon in der zweiten Hälfte des 12. Jahrhunderts an Bauten in und um Paris (Kirche von S. Denis, Kathedrale Notre-Dame) angewendet. Beträchtlich später, etwa 1220 tritt derselbe am Rhein auf, mit dem Rundbogen kämpfend, und ihn bald schneller, bald langsamer überwältigend; die Zeit des strengen Styles geht etwa von 1225—1275, diejenige des schönen Styles, der vollendeten Gothik, die Zeit des Glanzes und Reichthumes bei edlem Maaß und gesetzmäßiger Gliederung 1275 bis 1350. Die Zeit der Ausartung etwa von 1350—1450.

Dieser Styl ist aus den germanischen Völkern hervorgegangen, welche, wie herrlich sich auch der romanische Geist entwickelt hatte, dennoch nach freierem, selbstständigerem Ausdrucke trachteten für das, was sie innerlich erfüllte. Sein Charakter ist Freiheit, Leichtigkeit, Kühnheit. Schlank und erhaben steigen die Erzeugnisse dieses Styles empor, er beschränket die Weite, dehnt die Höhe aus und gewinnt mit seinem Spitzbogen die Fähigkeit, die kühnsten Constructionen zu verwirklichen.

Der stolz aufsteigende Spitzbogen erhebt sich leicht auf den Säulen und Pfeilern des gothischen Baues, die reich gegliedert und ausgekehlt schlank aufsteigenden Baumstämmen gleichen. Die Knäufe sind von zierlichem Blätterwerk umwunden. Oben laufen die Säulen in strahlenförmig auseinander gehende Gurten und Rippen aus, die dem kühnen Bau den lebendigen Eindruck eines Waldes geben. Die schwere todte Masse des Steines ist überwunden mit den schlanken Pfeilern, mit den hohen, die ganze Wandfläche füllenden Fenstern, welche dem Innern eine bis dahin unerreichte Lichtwirkung zuführen. Die weiten prächtigen Fensteröffnungen in den mannigfachsten Formen sind ausgefüllt mit leuchtenden Glasgemälden, sie sind ein Glanzpunkt des gothischen Styles. Nach außen stützt ein System von kräftigen Strebepfeilern, die durch kühn gespannte Strebebögen mit dem hohen Oberbau des Mittelschiffes verbunden sind, diese herrlichen Wunderbauten.

Emporstrebend ist der Charakter des ganzen Baues, dessen zierliche Fenstergiebel, dessen, in zahllose Thürmchen (Fialen) und

Fig. 26. Aeußeres eines gothischen Doms. Rheims.

Zacken aufgelöste Strebepfeiler mit den kühn hinübergesprengten Strebebogen, überall die schwere, wagrechte Linie unterbrechen; emporstrebend sind die achtseitigen, endlich nur aus durchsichtigem Steinstabwerk gebildeten, mit tausend Ranken und Blumen aufwärts zeigenden Thürme der Westfronte, der schlanke Spitzthurm über der Vierung. Der Durchführung des Ganzen entspricht die des Einzelnen. Die Prachtpforten und Pfeiler bekleiden sich überreich mit

XI. Die gothische Architektur.

Heiligenbildsäulen; ein maaßvoller Gold- und Farbenschmuck hebt die Säulen, Rippen und Gewölbe von einander ab; an allen Kapitälen und Kanten, an den zahllosen Spitzgiebeln und Spitzthürmchen zeigt sich der reiche Schmuck leicht hingesteckten Blattwerks, tief gefalteter Knollenblätter; aus jeder Spitze erblüht eine Kreuzrose.

Die schönste Fülle des Schmuckes wird aber dem fortan nicht mehr über einer Krypta erhobenen Chore zugewandt, dem Theile, der das Erhabenste zu bewahren bestimmt ist: die Reliquien der Heiligen, den Altar.

Welch ein Gegensatz gegen die ruhigen ernsten Massen des romanischen Styles. Hier drängt sich alles vor, strebt Alles nach Außen, will Jedes seine Einzelexistenz fröhlich und kräftig behaupten, so daß unter all den um die Wette emporschießenden, aufknospenden, herausspringenden Einzelheiten der Totaleindruck gefährdet wird. Ueberall wiederholt sich das Große, Ganze in dem Kleinen, dem Einzelnen.

Unter den Händen dieser symbolisirenden Kunst wurde der Kirchenbau zu einer Versinnlichung der Welt. Der Boden der Kirche glich den Gewässern mit eingelegten Meerthieren, Delphinen. Die Chöre und Kapellen stiegen darüber auf gleich dem festen Lande, die Pfeiler- und Säulenfüße glichen den Inseln, von denen aus Palmen zum Himmel reichten. Vom Himmel glänzten Sterne, schwebten Engel; Weinreben und Löwen, Sinnbilder des Glaubens, Rosen und Pelikane, Sinnbilder der heiligen Liebe und Erbarmung, Epheu und Hunde, Sinnbilder der Treue, Lämmer, Sinnbilder der Ergebung, dienten in mannigfacher Weise zur Verzierung, während Edelsteine die Heiligthümer der Kirche darstellten und die heiligen Geschichten allenthalben in Gemälden und Bildern von den Altären und Wänden redeten.

Diesem Geiste verdankten die großartigen Dome und Münster ihr Dasein, die wir noch als Denkmale einer reichen, in Glaubenseinigkeit und nationalem Bewußtsein zusammenwirkenden Zeit bewundern; z. B.: der Dom zu Magdeburg, 1208—1363. Das Münster zu Freiburg im Breisgau, im 13. Jahrhundert. Die Elisabethkirche zu Marburg, 1235—1283. Die Liebfrauenkirche zu Trier, 1227—1244. Die zierliche Katharinenkirche von Oppenheim. Das Münster von Straßburg, die Façade begonnen durch Erwin von Steinbach († 1318). Das edelste Werk deutsch-gothischer Baukunst ist der Kölner Dom, begonnen 1248. Heinrich Sunere in Köln wird als Gründer genannt. Der allein vollendete Chor ward 1322 geweiht; nach vieljähriger Arbeit

Fig. 27. Katharinenkirche zu Oppenheim.

ist nun das Hauptschiff vollendet. Die Stephanskirche zu Wien stammt aus dem 14. Jahrhundert. Die Marienkirche in Lübeck ist in eigenthümlich strenger Weise ausgeführt. Ebenso rief der Reichthum der Städte glänzende Profangebäude im gothischen Styl

XI. Die gothische Architektur. 43

hervor, z. B. Rathhaus zu Braunschweig, Münster, „Halle des Artushofes" zu Danzig.

In Paris, der Wiege des gothischen Styles, ist vornehmlich die Notre-Dame-Kirche in dieser Bauart ausgeführt, ferner die Kathedrale zu Rheims und zu Amiens, letztere das Vorbild des Kölner Domes, sowie die zu Beauvais. Auch St. Maclou zu Rouen gehört hierher, sowie der Gerichtspalast daselbst.

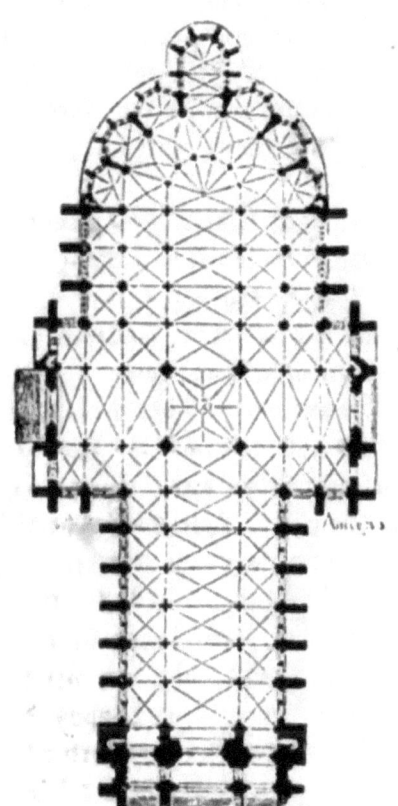

Fig. 28. Grundriß einer gothischen Kathedrale. Amiens.

In den Niederlanden ist hauptsächlich in den handelsmächtigen reichen Städten der Profanbau glänzend vertreten: die Halle zu Ypern, das Rathhaus zu Oudenarde, die Börsen zu Brüssel und Antwerpen.

In England: Kathedralen von Salisbury und York, die von Lichfield und die Kapelle Heinrichs VII. in der Westminsterkirche zu London.

In Italien: Kirche S. Francesco zu Assisi, Dome zu Florenz, Siena, Orvieto und Mailand. Cà Doro und Dogenpalast zu Venedig.

In Spanien: Kathedralen von Toledo, Leon, Sevilla, Burgos und Barcelona.

Die Ausführung so großartiger Werke war nur möglich durch eine große, über ganz Deutschland verbreitete Congregation, die sich zu dem Zweck verbunden, und durch die sowohl die Kenntnisse wie die Fertigkeit ihrer Kunst sich fortpflanzte. Sie nannten sich Baubrüder und hatten ihre vornehmsten Bauhütten zu Straßburg, Wien und Zürich.

XII. Die Baukunst der Neuzeit.

Erste Periode: Frührenaissance. 1420—1500.

Aber auch der gothische Styl währte seine Zeit, um dann dem sogenannten modernen Styl Platz zu machen. In Italien war die Antike nie ganz verdrängt worden, und die prächtigen Denkmäler einer früheren Zeit waren erhalten, jedoch bedurfte es der bahnbrechenden Bestrebungen eines Petrarca auf literarischem Gebiete, um auch den Künstlern den Blick für die Antike mit vollem Bewußtsein zu öffnen.

Das 15. Jahrhundert ist die Zeit des Ueberganges, welcher zwischen den bisherigen baulichen Traditionen und den antiken Formen zu vermitteln suchte. Beim Kirchenbau geht man zum Theil auf die flachgedeckte, bisweilen auch auf die mit Kreuzgewölben versehene Basilika zurück. Bei den Profanbauten geht man auf die Grundzüge der mittelalterlichen Façadenbildung ein, der Palastbau, der sich aus dem mittelalterlichen Burgenbau entwickelt, wie das höfische, prunkvolle, feingebildete fürstliche Leben dieser Epoche aus dem kriegerischen, trotzigen, feudalen, ritterlichen Dasein der früheren Zeit, tritt in den Vordergrund, die Anwendung von Arkaden und schlanken Säulen wird geltend. Wohl besitzen die Werke dieser Epoche des Spielenden, Ueberladenen reichlich, wohl bieten sie einer strengeren architektonischen Kritik manche Blöße, aber an Frische, Naivetät, Fülle der Phantasie und anmuthiger Durchbildung der Formen stehen sie über den meisten gleichzeitigen Decorationswerken der späteren Gothik. Daher üben gerade diese Werke der Frührenaissance meistens jene unwiderstehliche Anziehungskraft aus, welche ein schönes Vorrecht begeisterter Jugend ist.

Florenz, seit lange die Wiege der Kunst, ist auch die Wiege der Renaissance und der große Meister Filippo Brunellesco (1377—1446) ihr Vater. Von ihm die Vollendung der Domkuppel zu Florenz und der Palazzo Pitti, der ein Muster des florentinischen Palaststyles wurde. An diesem Bauwerke brachte er zum ersten Male die Rustica zur künstlerischen Geltung. Andere treffliche Werke dieser Epoche sind in Florenz die Paläste Strozzi, Gondi, Guadagni, Riccardi, Rucellai.

XII. Die Baukunst der Neuzeit. 45

Rom hat in seinem kleinen und großen Palazzo bi Venezia ein gewaltiges Werk dieser Epoche und in dem großen noch unvollendeten Hofe das erste Beispiel eines nach Muster des Colosseums durchgeführten Pfeilerbaues.

In Venedig bildete sich der Palastbau festlich, reich und glänzend, mit Marmorfaçaden und schön gegliederten Fenstern aus. So der Palazzo Vendramin Calergi, der Hof des Dogenpalastes u. A.

Zweite Periode: Hochrenaissance. 1500—1580.

So lange die neue Bauweise ihren Hauptsitz in Florenz hatte, behielt sie jenen freien Uebergangscharakter, der aus der Verschmel=

Fig. 29. Pal. Vendramin Calergi zu Venedig.

zung mittelalterlicher und antiker Formen sich ergab. Um 1500 änderte sich der Schauplatz und mit ihm das Schicksal der Renaissance. Der kunstliebende Papst Julius II. zog die größten Meister der modernen Zeit an seinen Hof, und fortan ward Rom der Mittelpunkt der Kunst. Ein Zeitraum von 20 Jahren gestaltet sich zu einer zweiten perikleïschen Epoche, in der einmal wieder alle Künste in seltenem Verein und harmonischem Zusammenwirken Werke höchster Bedeutung und unvergänglicher Schönheit hervorbringen. Mehr als je feierte der italienische Sinn für edle, freie, schön geordnete Räume jetzt seinen höchsten Triumph. Das Beste leistete auch jetzt die Renaissance im Profanbau.

Fig. 30. Hof der Cancelleria zu Rom.

Der Begründer der römischen Schule war Bramante mit seinem eigentlichen Namen Donato Lazzari aus Urbino (1444 bis 1514). Sein Hauptwerk im Profanbau ist der Palast der Cancelleria. Einer der gediegensten ihm verwandten Meister Baldassare Peruzzi (1481—1536) ist der Erbauer der durch Rafaels Wand- und Deckengemälde berühmten Villa Farnesina. Ja, von Rafael selbst existirt ein edles architektonisches Kunstwerk zu Florenz im Palazzo Pandolfini.

Neben der römischen Schule bewahrte in dieser Epoche fast nur

XII. Die Baukunst der Neuzeit. 47

Fig. 31. Durchschnitt der Peterskuppel in Rom.

noch die Schule von Venedig eine selbstständige Richtung durch die
glänzende Thätigkeit des Florentiners Jacopo Tatti, genannt
Sansovino (1479—1570). Sein Meisterwerk schuf er 1536 in
der Bibliothek von San Marco.

Mit dem gewaltigen Geist Michelangelo Buonarroti's
(1475—1564), der in allen drei Künsten Unvergleichliches schuf, tritt
ein Wendepunkt in der Geschichte der Architektur ein. In Rom
rührt von ihm her die Anlage des Capitols mit seinen Gebäuden
von großem malerischen Reiz, die Porta Pia und vor allen Dingen
der Ausbau der Kuppel von St. Peter. Im Jahre 1506 war

der Neubau begonnen worden und später von Rafael und Peruzzi fortgeführt; endlich im Jahre 1546 übernahm der 72jährige Michelangelo die Bauführung. Seit 1629 führte Bernini den Bau zu Ende. Das Beispiel der Peterskirche war für den ganzen Kirchenbau der folgenden Zeit entscheidend.

Dritte Periode: Barockstyl. 1600—1800.

Hatte das 16. Jahrhundert in seinen künstlerischen Schöpfungen den Charakter edler Ruhe und maßvoller Schönheit bewahrt, so begann das 17. Jahrhundert mit einer Willkür und Uebertreibung der Formen, die den leidenschaftlichen, zügellosen, üppigen, entarteten Sinn dieser Zeit bekundet. Der bedeutendste Meister dieser Epoche ist Lorenzo Bernini (1584—1680), der auch als Bildhauer thätig war. Die ganze Verirrung, den decorativen Wahnsinn des Barockstyls bewies er an dem colossalen Broncetabernakel des Hauptaltars in der Peterskirche. — Sein Nebenbuhler Francesco Borromini (1599—1667) suchte durch gewaltsame Verschnörkelung und wilde Uebertreibung seinen Gegner zu überbieten. Bei ihm verschwinden die geradlinigen Figuren fast ganz aus der Baukunst, selbst die Giebel der Fensterbekrönungen, die Gesimse werden unterbrochen, so daß jede strenge Composition aufhört, und Alles wie im Taumel durcheinander zu schwanken scheint.

Im 18. Jahrh. kam man von der Ueberschwänglichkeit der früheren Zeit wieder zurück und suchte in einfacher Behandlung eine neue classische Richtung anzubahnen, aber obwohl manches tüchtige Werk errichtet wurde, ging doch die schöpferische Kraft immer entschiedener auf die Neige und eine starke Nüchternheit und Kälte bestätigten den Mangel eines frischen lebensfähigen Princips.

Während in Italien die Renaissance mit siegreicher Gewalt durchgedrungen und fast ausschließlich zur Herrschaft gekommen war, hielten die übrigen Länder lange an den Traditionen der Gothik fest und bis tief ins 16. Jahrh. erlebte diese letzte Architekturform des Mittelalters eine späte Nachblüthe.

Endlich aber drang durch die vielfachen Beziehungen zu Italien die Renaissance allmählig ein, erzeugte manches anziehende, doch

XII. Die Baukunst der Neuzeit. 49

auch manches wunderliche Werk, bis erst im 17. Jahrh. der italienische Styl allgemeiner zur Geltung gebracht wurde, aber nicht mehr in der eblen strengen Weise der goldnen Zeit, sondern in dem barock überladenen Styl einer spätern Epoche, und bald wurden die Vorschriften italienischer Baumeister maßgebend für alle Länder.

In Frankreich ist die Westfaçade des Hofes im Louvre das glanzvollste Beispiel dieser Epoche, erbaut durch Pierre Lescot 1541. Nüchterner stellt sich der ältere Theil der Tuilerien dar, er ist von Philibert Delorme 1564 erbaut. Stattliche Werke des folgenden Jahrhunderts sind der Invalidendom und das Pantheon.

Die zuletzt hervortretende Richtung, das sogenannte Rococo, leistete manches Graziöse in der zierlichen, reichen Innendecoration.

In Spanien ist als das Hauptwerk dieser Richtung das 1563—84 erbaute Kloster Escurial zu nennen.

In den Niederlanden baute Rubens in diesem Styl die Kirche St. Jacques zu Antwerpen.

In Deutschland erhielt der gothische Styl sich bis in's 16. Jahrh., dann finden wir im Styl der Frührenaissance die edle Halle des Belvedere auf dem Hradschin zu Prag, sowie die prächtigen Ruinen des Schlosses zu Heidelberg.

XIII. Die Baukunst des 19. Jahrhunderts.

Die Durchforschung Griechenlands und die gewissenhafte Darstellung seiner Monumente, welche in der zweiten Hälfte des vorigen Jahrhunderts erfolgte, war ein Ereigniß für die Geschichte der Architektur. Bis dahin hatte man die antiken Style nur in der gröberen römischen Umgestaltung kennen gelernt, jetzt trat in Karl Friedrich Schinkel in Berlin (1781—1841) ein Künstler auf, der alle die herrlichen neugewonnenen Anschauungen in's wirkliche Leben übertrug.

Das Museum, das Schauspielhaus, die Bauschule verdanken ihm ihre Ausführung, und zeichnen sich durch Ebenmaß und Großartigkeit der Gesammtverhältnisse, wie durch reine und reiche Durchbildung der Einzelheiten aus. Auch die Neubelebung der gothischen

Bauweise hat Schinkel durch sein Vorbild (Werdersche Kirche, Denkmal auf dem Kreuzberge) bedeutend gefördert.

August Stüler baute zu Berlin das neue Museum, zu Potsdam die Friedenskirche.

Die seltene Kunstliebe des Königs von Baiern führte auch dort eine höchst erfolgreiche architektonische Thätigkeit herbei. Kaum hat je ein anderer Regent so einsichtsvoll, so durchgreifend, so umfassend die Kunst gefördert wie er. Dem dortigen Architekten Leo von Klenze, Erbauer der Glyptothek und Pinakothek zu München, der Walhalla bei Regensburg, der die antike Richtung vertritt, gegenüber steht Friedrich von Gärtner, † 1847, als Vertreter der Romantik; er ist der Erbauer der Ludwigskirche, der Bibliothek, des Siegesthors daselbst.

Auch in den übrigen Ländern Deutschlands und Europas wirken Klassiker und Romantiker mit Erfolg; Schinkel aber ist noch lange nicht erreicht, viel weniger übertroffen worden.

Zweiter Abschnitt.

Die Bildhauerei.

___

Einleitung. Mittel und Verfahren der Darstellung.

Die Stoffe, deren der Bildhauer sich bedient, sind schon viel mannigfaltiger, als die des Baukünstlers, von denen er allerdings die hauptsächlichsten ebenfalls benutzt, aber in ganz anderer Weise. Wie denn auch die Arbeit des Bildhauers sich von Anbeginn wesentlich von der des Architekten unterscheidet; dieser zeichnet seinen Entwurf auf Papier; der Bildhauer verfolgt keine Zeichnung, sondern eine Skizze in Thon, als ursprünglichen Ausdruck dessen, was er darstellen will. Die Skizze, die zumeist weiter in Gyps übertragen wird, giebt bereits die gesammte Anordnung, Stellung, Lage und Haltung der Glieder, überhaupt die ganze eigenthümliche Auffassung des Gegenstandes durch den Künstler an, aber sie entbehrt noch der Ausführung und Sauberkeit im Einzelnen, diese wird erst im Modell erreicht.

Man unterscheidet Hülfsmodell im Kleinen und darnach ausgeführt das Thonmodell, genau in der Größe des beabsichtigten Werkes. Hieran legt der Meister gewöhnlich, nachdem es von Gehülfen ausgeführt ist, die letzte Hand. Aber auch das Thonmodell ist noch nicht die letzte Stufe vor der endlichen Ausführung, denn der Thon kann nur in feuchtem Zustande verarbeitet werden, daher nimmt man nach dem feuchten Thonbilde (getrocknet würde es verlieren, eintrocknen) eine sogenannte verlorne Gypsform, d. h. eine Form, bei deren Gewinnung das Modell verloren geht, und gießt in diese Gyps. Dies Gypsmodell, ganz treu dem Thonmodell, dient nun, die Arbeit in dauerhaftem Stoffe zu vollenden.

Die Ausführung geschieht nun durch Abschlagen eines festen Körpers: **Bildhauerei**, oder dadurch, daß man einen flüssigen Körper in eine Gußform gießt: **Bildgießerei**.

Steinarten für Bildhauer sind vornehmlich **Marmor**; er verleiht einen eigenthümlichen Reiz durch sein fein krystallinisches Gefüge, seine schimmernde Oberfläche, in die das Licht gleichsam einbringt.

Der **Gyps** ist dagegen kalt, stumpf, hart.

Sandstein ist weicher als Marmor, weniger dauerhaft, hat ein gröberes Korn, eine leblose, gelblich rothe oder graue Farbe, stumpfe glanzlose Oberfläche, daher für edlere Kunstwerke nicht zu gebrauchen, er wird aber besonders für plastischen Schmuck an Bauwerken verwandt.

Zu den besseren Bildwerken wird jetzt fast ohne Ausnahme carrarischer Marmor gebraucht, im Alterthum verwandte man vornehmlich parischen und pentelischen Marmor.

Zu Holzschnitzereien wird meist Lindenholz verwandt.

Eine kostbare Art der Bildnerei, von der kein Beispiel mehr vorhanden ist, war die bei den Griechen übliche **Gold-Elfenbein-Bildnerei**. Man nahm zu den Fleischtheilen Elfenbein und zur Gewandung und den Waffen Gold, und überzog damit den hölzernen Kern.

Den Uebergang zur Bildgießerei stellt die Kunst des Erztreibens dar. Platten oder Tafeln von Erz werden stark erhitzt und dann mit dem Hammer so behandelt, daß die Form von innen hervorgetrieben wird. Demnach wird die Arbeit also von der innern, der Rückseite, nicht an der Oberfläche ausgeführt, worauf die einzelnen Platten zu einem Ganzen verbunden werden. Benvenuto Cellini war und ist der erste Meister in dieser Kunst. Ein wesentlicher Gewinn dieser Arbeit ist das minder bedeutende Gewicht. Das berühmteste derartige Werk der Neuzeit ist das Viergespann der Victoria auf dem Brandenburger Thor zu Berlin. So auch Rietschel's Brunonia mit dem Viergespann zur Krönung des Schlosses in Braunschweig, ausgeführt von dem trefflichen Meister Howaldt. (Leider vor einigen Jahren beim Brande des Schlosses vernichtet.)

Für den Erzguß ist die Form die erste Bedingung, die nach dem Gypsmodell in einem oder mehreren Stücken von Formsand angefertigt wird und zwar Mantel und Kern; zwischen beiden bleibt ein freier Raum, wohinein das Erz gegossen wird.

Der Guß selbst bietet ein gewaltiges Schauspiel. — Endlich kommt der Augenblick, von dem Schiller singt: „Stoßt den Zapfen aus." — Nach der Erkaltung wird die Dammgrube abgebaut, Mantel wie Kern abgeschlagen und entfernt. Es fehlt nur noch, die letzte Hand anzulegen durch Abhauen, Abreiben mit Säuren und sorgfältige Ueberarbeitung, Ciselirung mittelst Feilen.

Der rohe Erzguß hat ein stumpfes, schwärzliches, auch fleckiges Ansehen; dies zu beseitigen überzieht man die ganze Oberfläche mit feinen Kreuzlinien, nach Art der Schraffirung, denn nur so, nicht blank polirt, erscheint das Erz im Kunstwerke schön. Die neuere Zeit hat für künstlerische Zwecke neben dem Erz noch andere unedle Metalle: Zink und Eisen, verwendet, diese aber fordern einen festen Ueberzug, der sie gegen die zerstörende Einwirkung des Wetters schütze. Meist wählt man Oelfarbe, doch giebt ein dünner Erzüberzug ein besonders schönes Ansehen und ist vermöge des galvanoplastischen Verfahrens leicht und sicher angefertigt.

Aus Stein und Thonmassen verfertigt man Figuren und Reliefs. Namentlich zeichnet sich der gebrannte Thon durch gefälliges Ansehn und Dauerhaftigkeit aus, so daß man ihn dem Sandstein vorzieht bei Herstellung von plastischem Schmucke für Bauwerke.

Auch die Arbeiten in mattem Porzellan sind hierher zu rechnen. — Von besonderer Wichtigkeit ist der Gypsguß nicht nur zur Herstellung von Modellen, sondern auch zur Vervielfältigung von Kunstwerken. Zu erwähnen sind auch noch die Gemmen, die vertieft gearbeitet, im Abdruck das Bild als Relief zeigen, während die Cameen als Relief erhaben gearbeitet sind, also keines Abdrucks bedürfen.

Für Anfertigung von Cameen bediente man sich vornehmlich des Onyx, der bekanntlich Schichten von verschiedenen Farben hat.

Auch bei geprägten Metallarbeiten tritt das Relief auf: Denkmünzen, Medaillen.

Die Bildhauerkunst stellt ihren Gegenstand entweder vollrund dar, oder sie liefert ein halbrundes Gebilde, welches aus der Fläche, die ihr als Hintergrund dient, hervorragt. Ist dies bis zur Hälfte der Fall, so entsteht das Basrelief, ragt der dargestellte Gegenstand aber noch über die Hälfte hervor, so ergiebt sich das Hautrelief.

Die Schönheit der Form ist plastisch, als wirkliche Fläche des Körpers sich darstellend, aber die Mannigfaltigkeit der schönen Flächen wird durch den Contour, Umriß zur schönen Einheit verbunden. Der Schönheit des Contours widerstrebt alles Eckige, aus geraden Linien Zusammengesetzte. Die freie geschwungene Wellenlinie und das Oval sind die Musterbilder schöner Umrisse, und die Form, in welcher solcher Contour allein zu schauen ist, findet sich nur beim menschlichen Körper. Die Bildhauerkunst kann nichts Vollkommeneres nachahmen, als schöne, jugendliche Menschengestalten, in der Blüthe ihrer Kraft. Sie darf aber keine bloßen Copien liefern, sondern muß mit künstlerischem Geiste ideale Menschengestalten schaffen. Da es ihr um die plastische Form als solche zu thun ist, verschmäht sie alle Nachhülfe durch Farben, doch hat sowohl die Antike wie das christliche Mittelalter mehr oder minder umfangreich farbige Wirkung (Polychromie) erstrebt.

I. Die Sculptur des Orients.

Für die Entwicklung der Bildnerei war bei den Indern die religiöse Auffassung nicht minder bestimmend, als für die Architektur. Das Geheimnißvolle, Mystische der Grottentempel mußte in entsprechend feierlichen bildnerischen Darstellungen gesteigert werden. Der Sinn des Volkes schuf aber nicht aus klaren Anschauungen, nicht aus reinen menschlichen, sondern aus traumhaften, phantastischen Vorstellungen die Begriffe seiner Götterbilder. Wo daher die Gestalt der Götter, wo die Geschichte ihrer wundersamen Schicksale zur Anschauung kommen sollen, wo der tieferregte, geheimnißvolle Schauer vor dem

Unnahbaren in die Erscheinung strebt, da vermögen nur äußerlich symbolisirende Zuthaten, Häufungen von Gliedern, von Köpfen, Armen und Beinen oder barocke Zusammensetzungen thierischer und menschlicher Leiber dem dunkeln Ringen zum Ausdruck zu verhelfen.

Meistens erscheinen solche Darstellungen in kräftig vorspringendem Relief dem Aeußeren der Tope und Pagoden aufgemeißelt, oder im Innern über den Pfeilern an den Gesimsen und in Wandnischen angebracht.

In den Euphratländern sind durch die Nachforschungen der Franzosen und Engländer zahlreiche Zeugnisse einer alterthümlichen Kunstthätigkeit aufgedeckt worden. Eine Menge aufgefundener

Fig. 32. Assyrisches Relief. König auf der Löwenjagd.

Reliefplatten zeugen von Anfängen einer bildenden Kunst. Die Gestalten treten kräftig aus der Fläche hervor, sie sind mit Ausnahme gewisser symbolischer Phantasiegebilde, im Gegensatz zu den Indern überwiegend den Schilderungen des wirklichen Lebens zugewandt, daher von durchaus historischem Charakter, vergegenwärtigen Scenen aus dem Leben der Herrscher, Kriege und Jagden. Die Ruinen des Palastes zu Khorsabad sind reich an derartigen Beispielen. Ebenso zu Nimrud und Kujjundschik.

Statuarische Bildungen kommen selten vor.

Wie die assyrischen Bauten, so erscheinen auch die persischen in reicher plastischer Ausstattung. Die zahlreichen Reliefskulpturen, welche die Treppenwangen des Palastes von Persepolis bedecken, schildern den Glanz des königlichen Hofhalts. Schaaren geschmückter

Dienerschaft, festliche Aufzüge der Abgesandten unterworfener Völker, welche die Produkte ihres Landes, Stiere, Widder, Pferde und Kameele, sowie köstliche Geräthe und Gefäße als Tribut bringen.

Bei den Aegyptern hat die Bildnerei als treue Begleiterin der Architektur eine Fülle von Denkmälern hervorgebracht, die der Großartigkeit des baulichen Schaffens in Nichts nachstehen, aber auch die bildende Kunst blieb, gleich den architektonischen Formen, ohne tiefere Entwicklung starr, monoton. Der Grund dieser auffallenden Erscheinung läßt sich darin finden, daß die Plastik hier, wie bei den orientalischen Völkern, ausschließlich im Dienste der Architectur stand, sowohl mit ihren statuarischen Werken, wie mit ihren Reliefbildern. Merkwürdig ist es, daß die ägyptische Bildnerei schon in ihren ältesten Werken auf Porträtähnlichkeit ausgeht, wie unter andern eine Granitfigur im Museum des Louvre, die unter einem der ältesten Gräber von Memphis gefunden wurde, bezeugt. In wahrhaft unermeßlicher Fülle finden sich Reliefbilder auf allen Wandflächen der Tempel, Paläste und Gräber. Der Zweck ist lediglich der einer chronikartigen, möglichst treuen Geschichtserzählung, eines ausführlichen Berichtes über das Leben der Aegypter. Die technische Behandlungsweise war eine eigenthümliche. Die Gestalten treten nämlich meist mit ihrer Oberfläche nicht aus der Gesammtfläche der Mauer heraus und erhalten nur dadurch einen schwachen Schimmer von plastischem Leben, daß der Grund ringsum ausgetieft ist und die Bildwerke durchgängig mit sehr entschiedenen Farben, vorzüglich mit Roth, Blau, Grün, Gelb und Schwarz bemalt sind. In der That erheben sich die Gestalten kaum über die von Wandgemälden und verleihen der großen Mauerfläche vollständig den Ausdruck reichgestickter, buntfarbiger Teppiche, zumal die Erhaltung der prächtigen Farben bei der soliden Bereitung derselben und der Gunst der klimatischen Verhältnisse bewundernswürdig ist.

Das ganze Gebiet menschlicher Thätigkeit, das öffentliche und private Leben ist der Gegenstand der bildenden Kunst bei den Aegyptern, doch kommen auch Darstellungen symbolisch religiösen Inhalts vor. So greift man, um die verschiedenen Götter des Landes zu charakterisiren, zu äußerlich symbolisirenden Mitteln, setzt den menschlich gestalteten Göttern die Köpfe der Thiere auf, welche zugleich zu hieroglyphischen Bezeichnungen ihrer Namen dienen. Thot erhielt

z. B. den Kopf des Ibis, Anubis wird hundeköpfig, Ammon widderköpfig dargestellt. Erfreulicher ist die Darstellung des der ägyptischen Kunst eigenthümlichen Räthselwesens, der Sphinx, wo

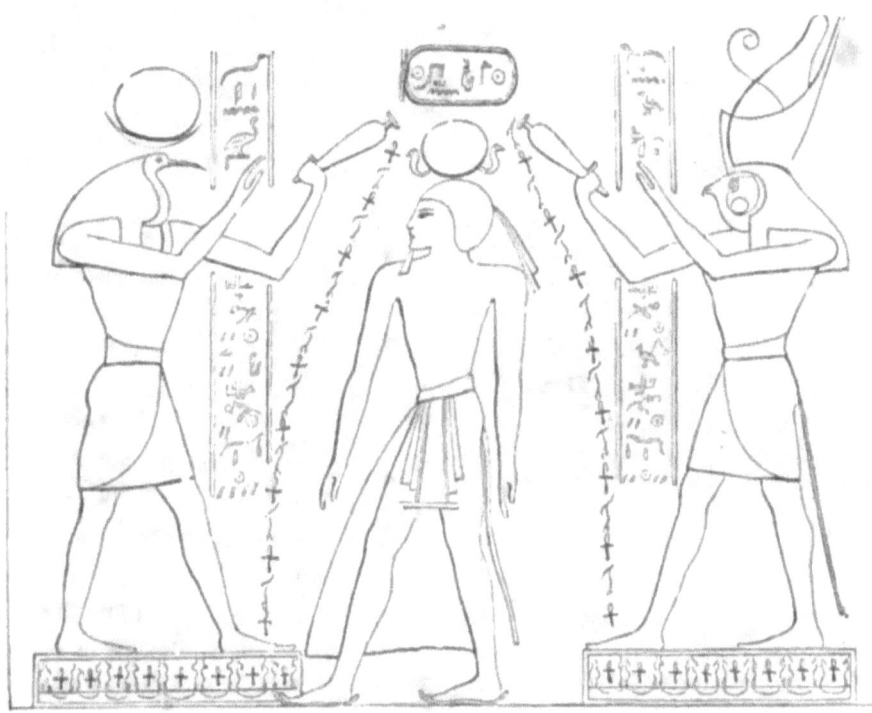

Fig. 33. Aegyptisches Relief. Ramses III. zwischen Thot und Horus.

einem Löwenleibe ein menschlicher Kopf angefügt ist, eine Schöpfung, der man großartigen Charakter und mystisch bedeutsame Wirkung nicht absprechen kann.

II. Die Sculptur der Griechen.

Die Phantasie der Griechen war eine wesentlich plastische, daher die Kunst, in der sie vorzüglich allen Völkern voranstehen, die Plastik. Wie aber bei den Griechen der Einzelne zurücktrat und jeder ganz und gar dem öffentlichen, gemeinsamen Leben angehörte, so mußte auch der künstlerische Sinn sich mehr dem großen Ganzen zuwenden; daher die bildende Kunst mehr zur Verherrlichung der

Götter und Heroen als der menschlichen Individuen beitrug, mehr die idealen Begebenheiten der Sage, als das reale Treiben des täglichen Lebens zum Gegenstande der Darstellung wählte.

Vom Götterbilde ging die griechische Plastik aus. Homer hatte die Götter in vollendeter Menschengestalt handelnd und leidend, gnädig und zürnend, mit allen menschlichen Leidenschaften dargestellt. Hatte der Orient unheimliche, schreckhafte Sagen, phantastische, tiefsinnige Grübeleien in seinen Mythologien niedergelegt und daher die Gestalten der Götter nur durch monströse Mißbildungen der allgemeinen Vorstellung näher zu bringen gewußt; so fiel bei den menschlich klaren Mythen der Griechen alles nebelhaft Ungeheuerliche fort, und der Mensch schuf sich die Götter nach seinem Ebenbilde. War den Griechen die harmonische Ausbildung des Körpers ein Hauptaugenmerk, so war ebenfalls die Gewandung von großer Bedeutung, da man an dem freien Wurf des Gewandes Charakter und Bildung des Einzelnen erkannte. Ruhige Harmonie war den Griechen die erste Bedingung eines schönen Körpers, selbst in der Kopfbildung, im griechischen Profil ist sie vorherrschend. Das Vielgestaltige menschlicher Gesichtsbildung erscheint zu einem allgemeinen typischen Gepräge vereinfacht. In der ganzen Form des Antlitzes drückt sich ein plastischer Gesammtcharakter entschieden aus.

Da die Plastik von den religiösen Anschauungen ausging, hatte sie auch vornehmlich ihre Wirksamkeit im Tempel, hier erhebt das Götterbild sich bald aus dem puppenhaften rohen Idol zur geist- und lebenerfüllten Idealgestalt. Dieselbe Wandlung vollzieht sich am Material, indem das buntbemalte hölzerne Schnitzbild durch die aus Gold und Elfenbein zusammengesetzten Statuen verdrängt wird; aber auch dies Material wurde bald gänzlich durch den edlen weißen Marmor und durch den Erzguß ersetzt. Außerdem verlangte der Tempel seinen plastischen Schmuck. Das Giebelfeld erhielt Statuengruppen, die Metopen an den dorischen Tempeln wurden durch Reliefdarstellungen geschmückt, und der Fries des ionischen Baues wurde benützt zu größeren Reliefcompositionen. Doch wußte die griechische Plastik sich unabhängig vom Banne architektonischer Alleinherrschaft zu erhalten. Daß schon in der homerischen Zeit einzelne bedeutende Werke zur Ausführung kamen, davon giebt das berühmte Löwenthor zu Mykenä noch heute den Beweis.

II. Die Sculptur der Griechen. 59

Folgen wir der geschichtlichen Entwicklung in den verschiedenen
Epochen, so versetzt

die erste Epoche

uns in die Zeit des 6. Jahrhunderts v. Chr. Geb. Was um diese
Zeit die griechische Kunst vermochte, davon geben einige erhaltene
Denkmäler lebendige Anschauung. Das Erste sind die Metopen=

Fig. 34. Statuen vom Tempel zu Aegina.

reliefs des ältesten Tempels zu Selinunt im Museum zu Pa=
lermo. Andere Werke dieser Epoche gehören dem eigentlichen
Griechenland an. Es sind vorzüglich einige Marmorstatuen, wie
der auf der Insel Thera gefundene Apollo, jetzt im Theseustempel
zu Athen aufgestellt, und ein ähnliches Apollobild von Tenea bei
Korinth, in der Glyptothek zu München.

In Argos wird als berühmter Meister dieser Epoche ge=
nannt Agelabas, etwa von 575—488, berühmt durch seine Erz=
bilder von Göttern und olympischen Siegern, noch berühmter durch
seine drei großen Schüler Phidias, Myron und Polyklet, das glän=
zende Dreigestirn der folgenden Epoche. In Sikyon war der Meister
Kanachos berühmt wegen seiner kolossalen Apollostatue von

Milet, er war nicht nur erfahren im Erzguß und der Gold-Elfenbein-Technik, sondern auch in der Holzbildnerei. Die Glyptothek ist im Besitz zweier berühmten Statuengruppen aus den Giebelfeldern des Athenetempels zu Aegina, die vor einem halben Jahrhundert entdeckt wurde; ihre Entstehung fällt wahrscheinlich in die Zeit bald nach 480 v. Chr.

Den Uebergang zur folgenden Epoche, zur Zeit der höchsten Blüthe bilden einige Meister, die zwar noch als Vertreter des Alten bezeichnet werden, die aber in feinerer Durchführung, sowie in Erweiterung des Darstellungskreises der freiesten und höchsten Vollendung nahe kommen. Als unübertrefflich werden die Pferde des Kalamis gerühmt, edel sollen seine Frauengestalten in Marmor gewesen sein. Ein Meister im Ergusse war Pythagoras aus Rhegion. Bewundernswürdig ist der Discuswerfer des Myron in Erz, von dem mehrere Marmorcopien vorhanden sind. Unter seinen Thierbildern von unnachahmlicher Lebenswahrheit ist der berühmten Kuh die höchste Bewunderung gezollt. Mit diesen letzten Meistern war die Kunst reif geworden, um den letzten Idealforderungen völlig zu genügen. Auf diesem Grenzpunkte beginnt:

die zweite Epoche.

Sie ist die Zeit jenes wunderbaren Aufschwunges des ganzen hellenischen Lebens, die durch die glorreichen Siege über die Perser eingeleitet wird und nur zu bald durch den von Sparta's Eifersucht angefachten peloponnesischen Krieg ihr Ende erreicht. Dieser Sieg der neuen Zeit über die alte vollzieht sich durch die Kraft eines der wunderbarsten Künstlergeister aller Zeiten, des Phidias. Das erhabenste Werk des großen Meisters war das Zeusbild von Olympia, uns leider nur aus der Beschreibung bekannt. Von demselben Meister, welcher das Ideal des höchsten hellenischen Gottes schuf, ist auch die Pallas im Parthenon, in welcher Athen seine besondere Schutzgöttin verehrte. Sie allein, sammt der reichen plastischen Ausschmückung des Tempels macht den Meister zum ersten Plastiker aller Zeiten.

Außer diesen Hauptwerken wurden von Phidias noch mehrere Statuen der Aphrodite gerühmt, vor allen ein Goldelfenbeinbild zu Elis. Trotz allen Nachrichten der Alten würden wir nur unbestimmte Vorstellungen von der Höhe und Vollendung der attischen Kunst haben, wenn nicht selbst durch alle gewaltsamen Zerstörungen sich eine Anzahl bedeutender Sculpturen der athenischen

Fig. 35. Metope vom Parthenon.

Tempel erhalten hätte; z. B.: ein Theil des Frieses vom Theseustempel zu Athen. Vom Parthenon: 57 von den 92 Metopen, das östliche Giebelfeld, bedeutende Theile des Frieses,

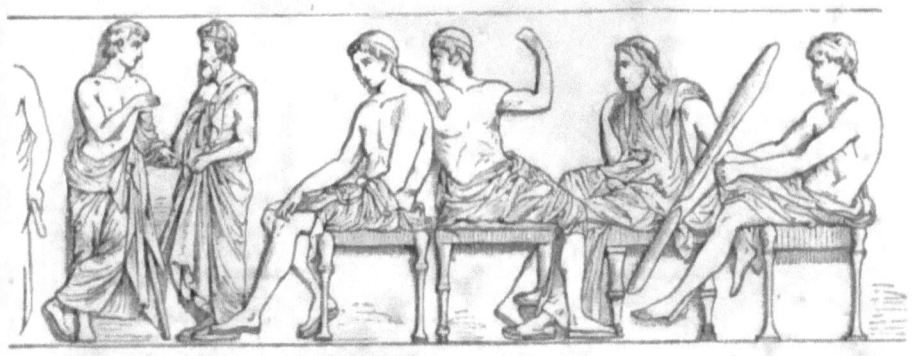

Fig. 36. Vom Fries des Parthenon.

jetzt großentheils durch Lord Elgin zu London im britischen Museum. Vom Apollotempel bei Phigalia der ausgedehnte Fries der Cella, ebenfalls zu London. Vom Niketempel zu Athen der Perserkampf; Karyatiden vom Erechtheion zu Athen. Die

Amazone des Polyklet, der ebenfalls der zweiten Epoche angehört, und ein jüngerer Zeitgenosse des Phidias war; er gründete die zweite Bildhauerschule zu Argos. Von ihm ist eine Herastatue

Fig. 37. Juno Ludovisi. Nach Polyklet.

in Gold und Elfenbein ausgeführt, von deren hoher Idealität der in der Villa Ludovisi aufbewahrte in Marmor nachgebildete Kopf Zeugniß gibt.

II. Die Sculptur der Griechen.

Die dritte Epoche,

die das 4. Jahrhundert bis auf Alexander d. Gr. umfaßt, scheidet sich der Zeit und dem Charakter nach unverkennbar von der vorigen. Die alten großen Anschauungen und Empfindungen waren verklungen, aber an ihre Stelle traten neue Gedanken und Gefühle, die sich

Fig. 58. Kopf der Niobe.

aus den Fesseln der alten Zeit siegreich gelöst hatten. Das leidenschaftlichere tiefer erregte Wesen des Zeitalters eines Euripides, Plato, Aristoteles, Aristophanes mußte sich nothwendig in den Werken der Plastik spiegeln. Das Material ward ein anderes, die Goldelfenbeintechnik mußte dem Marmor weichen. Der erste Meister dieser Zeit ist Skopas. Er war, neben dem etwas jüngeren Praxiteles, Hauptmeister der neuattischen Schule. Ihm vor allen war es beschieden, das ergreifende Pathos, den Sturm der Leidenschaft in nie vorher geahnter Macht zu enthüllen; von ihm stammt der

Zither spielende Apollo, der in einem Nachbilde im Vatikan existirt, während im Louvre eine Nachbildung des Eidechsentödters Apollo von Praxiteles aufbewahrt wird; doch soll dieser Künstler den Gipfel seiner künstlerischen Thätigkeit, den Lobpreisungen der Alten zufolge, in der A p h r o d i t e v o n K n i d o s erreicht haben. Eine annähernde Vorstellung dieses Meisterwerkes giebt die Venus von Melos, im Museum des Louvre erhalten. Bei der berühmten Gruppe der Niobe, von der eine antike Marmorcopie in den Uffizien zu Florenz, bleibt es zweifelhaft, ob S k o p a s oder P r a x i t e l e s der Schöpfer derselben war.

Im Gegensatze zu der attischen Kunst, deren Wesen auch jetzt ein ideales genannt werden muß, blieb auch in dieser Epoche die peloponnesische Plastik ihrer früheren, mehr naturalistischen Richtung treu. Als Haupt der argivisch-sikyonischen Schule steht L y s i p p o s da, dessen Thätigkeit bis tief in die Zeit Alexander d. Gr. hineinreicht. Ausschließlich Erzgießer, wandte er sich vorherrschend der Darstellung der schönen kräftigen Menschengestalt zu. So war sein A t h l e t A p o x y o m e n o s (d. h. der sich mit dem Schabeisen vom Staube des Kampfes reinigt) ein in Rom gefeiertes Werk, das in einer meisterhaften Marmorcopie gegenwärtig eine Zierde der vatikanischen Sammlung bildet. Unter seinen Porträtbildungen waren die zahlreichen Statuen Alexanders so ausgezeichnet, daß der große König nur von Lysippos plastisch dargestellt sein wollte.

Die vierte Epoche,

welche den beiden Perioden der höchsten Blüthe folgte, umfaßt die Zeit nach Alexanders Tode und findet ihr Ende mit der Eroberung Griechenlands durch die Römer. Der hellenische Geist hatte die Einflüsse des Orients vielfach in sich aufgenommen, aber dadurch mehr und mehr an seiner eigenthümlichen Energie eingebüßt. In den zerrissenen zerfallenen Freistaaten fand daher die bildende Kunst kaum noch eine Stätte, dagegen wurden die neugebildeten Fürstenhöfe ihr Zufluchtsort. Statt die Verherrlichung eines freien Volkes zu sein, kam sie in den Dienst der Fürsten.

Von den griechischen Freistaaten war es nur noch R h o b o s und von den Fürstenhöfen ausschließlich P e r g a m o s, wo die Kunst dieser Epoche eine bedeutende Blüthe erlebte.

II. Die Sculptur der Griechen.

An der Spitze der Schule von Rhodos stand Chares, ein Schüler des Lysippos; seine eherne Statue des Sonnengottes, die 105 römische Fuß maß und nicht lange nach ihrer Vollendung durch ein Erdbeben umgestürzt wurde, war sein Hauptwerk und zugleich die größte Statue des Alterthums. Das berühmteste Werk der rhodischen Schule ist die von Agesandros, Athenodoros und Polydoros gefertigte Gruppe des Laokoon, die im Jahre 1512

Fig. 39. Laokoon. Im Vatican.

in Rom gefunden wurde und gegenwärtig ein viel bewundertes Hauptwerk der vatikanischen Sammlung ist. Sie soll früher im Palast des Titus gestanden haben. Von ganz ähnlicher Richtung und in ähnlichem Sinne durchgeführt ist die von Apollonios und Tauriskos gearbeitete Gruppe des Farnesischen Stieres; sie gehört jetzt dem Museum zu Neapel an.

Aus der Schule von Pergamos ist der sterbende Gallier hervorgegangen, jetzt im capitolinischen Museum aufbewahrt. Völlig verwandt in Anlage, Material und Ausführung ist die Marmorgruppe „Arria und Pätus" oder die sogenannte Barbarengruppe in der Villa Ludovisi daselbst.

Das griechische Leben war so innig vom Hauch der Schönheit durchdrungen, daß selbst die Münzen als Kunstwerke erschienen; mehr noch galt das aber von den sogenannten Cameen, erhaben geschnitzten Steinen, für die man verschiedenfarbige Edelsteine anwandte und zwar so, daß das erhabene Bild hell vom dunkleren Grunde sich abhob. Die prachtvollste und größte Camee ist im kaiserlichen Kabinet zu Petersburg aufbewahrt, und stellt, wie man glaubt, die Köpfe Ptolemäus I. und seiner Gemahlin Eurydike dar.

III. Die Sculptur der Etrusker.

In der Bildnerei errangen sich die Etrusker besonderen Ruhm durch ihre Metallarbeiten und Werke in gebranntem Thon. Letztere waren bei Ausschmückung der Tempel in Gebrauch, aber auch die Statuen der Götter wurden in ähnlichem Material ausgeführt; so das Bild im Tempel des capitolinischen Jupiter. Doch zeigen alle diese Werke einen etwas rohen, plumpen Styl.

In den Bereich dieser Thätigkeit gehören auch die in den Gräbern gefundenen Vasen, theils Aschengefäße, deren Deckel in barocker Weise ein menschliches Haupt bildet, theils Gefäße von ungebrannter, schwarzer Erde, auf denen ziemlich ungeschickt ausgeführte Reliefbildwerke angebracht sind. Die Sammlung Campana in Rom, jetzt im Louvre zu Paris, ist reich an Beispielen dieser Art schwulstiger etruskischer Prachtwerke.

Die Thonbildnerei führte die Etrusker zeitig zum Erzguß, der mit großem technischen Geschick und besonderer Vorliebe betrieben wurde. Die etruskischen Städte waren mit Tausenden von ehernen Statuen angefüllt und die Etrusker versorgten lange Zeit Rom mit derartigen Werken. Von größeren Gußwerken sind besonders der Mars von Tobi im vatikanischen Museum, ein Knabe mit einer Gans im Arm, im Museum zu Leyden und eine männliche Gewandstatue zu Florenz hervorzuheben.

Auch von Werken der Steinskulptur ist uns Manches aufbewahrt.

III. Die Sculptur der Etrusker. 67

Einer ungleich späteren Zeit gehören die zahlreich aufgefundenen Aschenkisten an, die meistens aus Alabaster gearbeitet sind und reichen Schmuck von Gold und Farben haben. In der Form kleiner Sarkophage gearbeitet, zeigen sie auf dem Deckel die Gestalt der Verstorbenen in ruhender Lage, portraitähnlich, aber ohne alle Anmuth und meistens selbst in schlechtem Verhältniß. An den Seiten mancherlei Reliefdarstellungen.

IV. Die Sculptur bei den Römern.

Mit der Unterjochung Griechenlands durch die Römer hörte zwar ein selbständiges nationales Leben der Griechen auf, und erlosch mit ihm auch der letzte Funken jener Begeisterung, welche die idealen Gestalten der früheren Kunstepoche erzeugt hatte; nicht aber vermochte diese Umwälzung das angeborne bildnerische Talent des hellenischen Stammes zu vernichten. Vielmehr weckte die beginnende Kunstliebe der Römer die schlummernde Plastik der Griechen zum neuen Leben. Freilich beruhte dieser Kunstsinn der Römer im letzten Grunde auf einer vornehmen Prunksucht; sie wollten die Leistungen der Plastik zum Genuß und zum Schmuck eines verfeinerten Lebens; aber niemals ist auch ein großartigerer, gediegenerer Luxus getrieben worden.

Diesen äußeren Verhältnissen entsprach fortan die Richtung der Plastik. Neue Anschauungen waren auf dem Idealgebiete hellenischer Kunst nicht mehr möglich, aber ein freies Reproduciren der älteren berühmten Werke der Glanzperiode, ein Wiederaufnehmen des abgerissenen Fadens war möglich. — So sehen wir denn besonders eine neu=attische Schule von Bildhauern für Rom arbeiten, deren Werke von einer Vollendung sind, daß sie scheinen durch Nichts übertroffen werden zu können. Nur die Werke ächt hellenischer Kunst der besten Epochen, wie sie in diesem Jahrhundert bekannt geworden sind, stehen höher in ihrer Vollendung.

Trat diese Richtung in Rom bereits seit 150 v. Chr. hervor, so erhebt sie sich doch erst in der Epoche des Cäsar und Augustus zu glänzender Wirksamkeit. Zu den berühmtesten Statuen dieser Zeit gehört die Mediceische Venus in der Tribüne der Uffizien zu Florenz, von Kleomenes, des Apolloboros Sohn, aus

Athen. Ein anderes gepriesenes Kolossalwerk ist der farnesische Herkules des Museo zu Neapel, ein Werk des Atheners Glykon. Verwandte Richtung bekundet der berühmte Torso des Belvedere zu Rom, eine Arbeit des Apollonios aus Athen, es ist die ideal aufgefaßte Gestalt eines ruhenden Herkules. Hierher zählen auch die Karyatiden, mit welchen Diogenes von

Fig. 40. Belvederischer Apoll.

Athen das Pantheon schmückte und zu denen vermuthlich die im Braccio Nuovo des Vatikan befindliche Statue gehört.

Im Gegensatz zu dieser idealen Richtung steht der borghesische Fechter im Louvre zu Paris, Schöpfung des Agasias von Ephesus. Hier ist auch zu nennen der Apoll von Belvedere, eine der gefeiertsten Statuen des Vatikan, und die Diana von Versailles im Museum des Louvre.

IV. Die Sculptur bei den Römern. 69

Ist in allen diesen Werken das Gepräge griechischer Kunst noch unzweideutig zu erkennen, so beruht ein anderer Zweig der Plastik vorzugsweise auf römischer Sitte und Anschauung: die

Fig. 41. Marmorstatue des Augustus in Rom.

Portraitdarstellung. Während die hellenische Kunst die Einzelgestalten idealisirte und selbst in der leichten Anordnung des Gewandes nur so viel dem Körper zufügte, als zu einer allgemeinen

Charakteristik erforderlich schien, ging der Römer auf die volle Genauigkeit der individuellen Erscheinung aus und wollte sich in der ganzen Lebenswirklichkeit, entweder im weiten, faltenreichen Gewande des Friedens, in der Toga, oder in der vollen Rüstung dargestellt sehen. Die Reiterstatue des Mark Aurel, ein vergoldetes Broncewerk, schmückt gegenwärtig den Platz des Capitols in Rom, andere portraitähnliche Bildnisse von Julius Cäsar, Augustus, Titus, Trajan besitzt man in verschiedenen Museen. Von vollendeter Schönheit sind die beiden sitzenden Statuen der Agrippina, der Gemahlin des Germanicus, welche das capitolinische Museum zu Rom bewahrt, nicht minder schön die ebenfalls sitzenden Gestalten der sogenannten Herkulanerinnen im Dresdener Museum. Zu dieser Gattung gehört auch die Statue der sogenannten Pudicitia im Vatikan. Mit der Portraitbildnerei ging die historische Darstellung Hand in Hand, deren Pflege bei den Römern eine andere selbständige Seite ihrer plastischen Kunst ausmachte. Auch hier erweist sich wieder die realistische Tendenz ihres Wesens. Möglichst genaue Schilderung der Wirklichkeit war ihnen Hauptsache. Es galt auch hier, die einzelnen Persönlichkeiten zu verherrlichen und eine möglichst große Anzahl von Gestalten zusammenzudrängen; demgemäß mußte die Anordnung des römischen Reliefs von der hellenischen Behandlung abweichen. Die Plastik verirrte sich in das Gebiet der Malerei, indem sie vertiefte Hintergründe annahm, ihre Gestalten durch Abstufung der Modellirung in verschiedene Pläne rückte. So ist das strenge Gesetz des griechischen Reliefstyls bedeutend gelockert.

Zu den besten und frühesten Werken dieser Art gehören die Reliefs vom Titusbogen in Rom. Noch entschiedener spricht sich der eigentlich römische Styl in den historischen Reliefs der Monumente Trajans aus, z. B. im Triumphbogen des Trajan, der nachmals umgewandelt wurde in den Triumphbogen des Constantin; höchst bedeutend sind sodann die Reliefs, die sich in spiralförmigem Band an der Trajansäule emporwinden und in unerschöpflich reicher Schilderung die Kriegsthaten des Kaisers gegen die Dacier vorführen. Auch der Kaiser Mark Aurel wurde durch eine Ehrensäule verherrlicht, die in Reliefdarstellungen den Krieg gegen die Markomannen schildert.

IV. Die Sculptur bei den Römern. 71

Mehr und mehr bricht dann aber auch in der folgenden Zeit der entschiedene Verfall über die historische Plastik der Römer herein. Doch ist noch einer merkwürdigen Gattung von Denkmälern zu erwähnen, die in mehr als einer Hinsicht den Kreis der römischen Plastik erweitern: der Sarkophagreliefs. Auf ihnen sind meistens ideale Scenen des mythischen Sagenkreises, oft mit inniger Beziehung auf den Gedanken an Tod und Wiedersehen vorgeführt; so der Raub der Proserpina, Alkestis und Protesilaos, Amor und Psyche, Luna und Endymion, Prometheus, oder auch bacchische Scenen. Selten kommen geschichtliche Darstellungen vor.

Fig. 42. Von den Reliefs der Trajanssäule.

Unter den Kleinkünsten ward besonders die Steinschneiderei bei den prunkliebenden Römern in glänzender Weise geübt. Der besten Zeit gehören die beiden berühmtesten prachvollen Cameen an, die an Größe und Reichthum der Ausführung alles Andere übertreffen. Der eine in der kaiserlichen Sammlung zu Wien hat die erstaunliche Breite von 9 Zoll bei 8 Zoll Höhe und zeigt eine allegorische Verherrlichung des Augustus. Der andere im Cabinet des Louvre zu Paris mißt 13 Zoll Länge bei 11 Zoll Breite.

Dieselbe Prunksucht der Römer schuf auch staunenswerthe Arbeiten durch Anwendung verschiedenfarbiger Glasflüsse. Das berühmteste Werk dieser Art ist die Portland-Vase im brittischen Museum zu London.

V. Altchristliche Sculptur.

Bei der Entwickelung der bildenden Künste in der altchristlichen Zeit lag die Gefahr besonders nahe, dem Götzendienste wieder anheim zu fallen, daher finden wir hier ein Vorgehen mit Scheu und Zagen. Wo man sich aber der Plastik bediente, da fügte man sich den Gesetzen der antiken Kunst, neue Formen und Typen vermochte man nicht hinzustellen. Am seltensten werden freie Statuen gearbeitet. Aufbehalten ist uns von plastischen Darstellungen die große sitzende Statue des heil. Petrus, aus Bronce, im Mittelschiff von S. Peter zu Rom, wahrscheinlich ein Werk des 5. Jahrhunderts. Eine andere sitzende Statue des heil. Hippolytus, ein Marmorwerk derselben Epoche im christlichen Museum des Lateran, ist leider in den wichtigsten Theilen modern, läßt aber in der untern antiken Hälfte eine ähnliche Richtung erkennen. Von Christusstatuen hat sich nichts erhalten, obwohl schon Kaiser Alexander Severus eine solche anfertigen ließ. Nur einige kleine Statuen des „guten Hirten" finden sich.

Nach dem Vorgange antik heidnischer Sitte schmückte man aber die Sarkophage mit Reliefs. Die Wunder Christi, Heilung des Gichtbrüchigen und Anderes, daneben Vorgänge des alten Testaments, Moses, der Sündenfall u. s. w. sind Stoffe dieser Bildwerke.

Die Katakomben enthielten eine große Anzahl derartiger Werke, die meistens dem christlichen Museum des Lateran einverleibt sind. Andere finden sich in den Grotten von S. Peter, in Ravenna und an anderen Orten. Eins der besten und reinsten Werke ist der Sarkophag des Junius Bassus in den Grotten der Peterskirche. Ein Werk von mächtigem Umfang und glänzender Ausführung ist der Porphyrsarkophag der Constantia, Tochter Constantins, aus ihrer Grabkapelle in den Vatikan gebracht.

Die bildende Kunst des 6. Jahrh. zeigt namentlich in den Denkmälern zu Ravenna ein entschiedenes Hinneigen zur byzantinischen Auffassung; es war in Italien der letzte Rest der antiken Kunst so völlig aufgezehrt, daß das Land aus eigner Kraft keine Kunstwerke mehr hervorbringen konnte. Dagegen in Byzanz hatte sich ein neues Kulturleben gebildet, das unter Justinian's

V. Altchristliche Sculptur. 73

glänzender Regierung seinen Höhepunkt erreichte. In seinen Grundzügen auf antiker Basis ruhend, hatte es doch unter orientalischem
Einflusse, so wie dem eines höchstausgebildeten Hofceremoniells eine

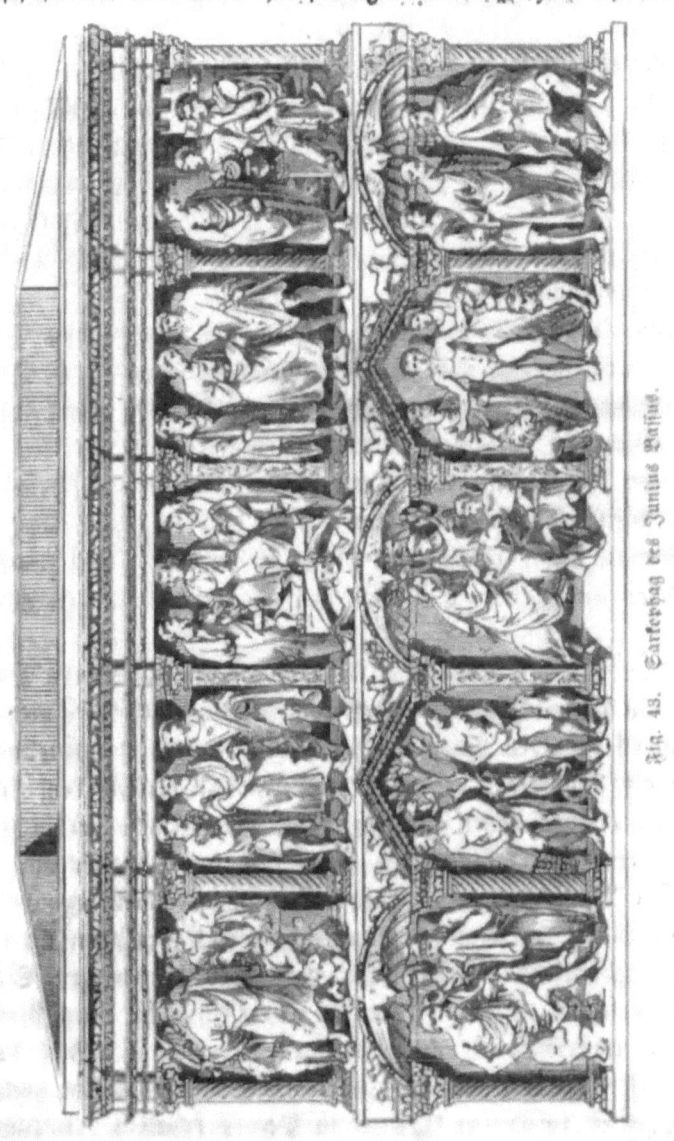

Fig. 43. Sarkophag des Junius Bassus.

starke Umprägung erfahren, die nunmehr auch in der Kunst als
speciell byzantinischer Styl ihren übermächtigen Einfluß geltend
machte. Doch wurde die freie Plastik in Byzanz nur in untergeordneter Weise, überwiegend für Profanzwecke verwendet.

VI. Die Sculptur des romanischen Zeitraums.

Dem reichen lebensvollen Bilde der romanischen Architektur entspricht nicht im Entferntesten die bildende Kunst derselben Epoche. Der Geist jener Zeit begünstigte in demselben Grade das Aufblühen der Baukunst, als er einer freien Entwickelung der Schwesterkunst hinderlich war. Der Gedankenkreis der bildenden Kunst war fast ausschließlich ein kirchlicher, wenngleich es nicht an Beispielen aus der Profangeschichte fehlt.

Aber die Kirche zog nicht allein alles künstlerische Talent in ihren Dienst, sie gab ihm auch den weitesten Spielraum. Da waren Chorschranken, Kanzeln, Portale, ja ganze Façaden mit bildnerischer Ausstattung zu versehen; auch dem Inhalt nach gewährte sie den Künstlern einen weiten Spielraum, neben den heiligen Gestalten der Kirche antike Sagen darzustellen. Auch wurden oft Sonne, Mond, die Monate und Jahreszeiten, Flüsse und andere Ortsbezeichnungen, Tugenden und Laster, Wissenschaften und Beschäftigungen allegorisch gebildet.

Unter den nordischen Ländern veranschaulicht besonders **Deutschland** den Entwicklungsgang der romanischen Plastik. Das mächtige Aufblühen desselben unter den sächsischen Kaisern, die Stellung derselben als Nachfolger der alten Imperatoren verlieh dem deutschen Volksgeiste einen hohen Schwung, und die vielfache Verbindung mit Italien regte den bildnerischen Sinn desselben lebhafter an.

Die Plastik ist hier allerdings zunächst durch manche Werke der **Kleinkunst** vertreten, namentlich der Elfenbeinschnitzerei, z. B. Jagdhörner, Becher. In der Quedlinburger Schloßkirche bewahrt man noch einige Elfenbeintafeln eines Reliquienkastens, wahrscheinlich aus der Zeit Heinrichs I. Aus der Zeit Ottos II. stammt ein Diptychon aus Elfenbeinplatten zusammengesetzt, es ist im Hotel Cluny zu Paris erhalten. Umrahmt von einer Säulenarchitektur sieht man Christus in erhabener Größe wie segnend den puppenhaft aufgeputzten, viel kleineren Gestalten Ottos und seiner Gemahlin die Hände auflegen. Unter dem Kaiser erscheint der Verfertiger nach zeitüblicher Weise in unterwürfiger

VI. Die Sculptur des romanischen Zeitraums. 75

Demuth angebracht. Im Domschatz zu Prag ist ein kunstvolles Jagdhorn aufbewahrt.

Von großer Bedeutung sind ferner die Arbeiten des Erzgusses, von denen Deutschland die wichtigsten besitzt, z. B. die

Fig. 44. Diptychon Otto's II. zu Paris.

eherne Thür des Doms in Hildesheim, die berühmte Bernwardssäule im Domhof daselbst, beides Werke vom Anfang des 11. Jahrhunderts; der eherne Löwe Heinrichs des Löwen zu Braunschweig, das große Taufbecken in St. Barthelemy zu Lüttich, 1112 gegossen. Gleich dem berühmten ehernen Meere im Vorhofe des salomonischen Tempels ruht das Becken auf 12 Stiergestalten. An seinen Außenseiten erblickt man 5 Reliefdarstellungen, deren Inhalt sich auf die heilige Handlung der Taufe bezieht.

Auch Sculpturen in Stein zur Ausstattung der Bauwerke kommen vor. In die Frühzeit des 12. Jahrhunderts fällt das kolossale Relief der Extersteine in Westphalen, an einer Felswand in einer Breite von 13 Fuß und in einer Höhe von über 16 Fuß ausgearbeitet. Es ist die Darstellung der Kreuzabnahme. Zu einer in dieser Epoche höchst seltenen Vollendung erhebt sich dieser Styl

Fig. 45. Abel sein Opferlamm darbietend. Kanzel zu Wechselburg.

in den Steinsculpturen zu Wechselburg, besonders die Reliefs einer Kanzel in dortiger Kirche, die in tiefsinnigen Zügen die Lehre von der Erlösung behandeln. Nicht minder vorzüglich die goldene Pforte zu Freiberg im Erzgebirge.

Unter den französischen Werken derselben Gattung geht Manches in die Frühzeit des 12. Jahrhunderts zurück. Die Westportale der Kathedralen von Bourges und Chartres bieten Beispiele.

Den Uebergang von der Sculptur zur Malerei bildet die Emailarbeit. Meistens Metallgrundlage, deren Flächen mit Schmelzglas in den verschiedensten Farben, kostbaren Edelsteinen

VI. Die Sculptur des romanischen Zeitraums. 77

und besonders mit antiken Gemmen und Cameen bedeckt werden. Was man irgend an Kostbarkeiten besaß, wurde auf die Herstellung solcher Werke verwendet, besonders zu Buchdeckeln, kleinen Altären, Weihrauchgefäßen, Reliquienbehältern u. dergl. Trotz mancherlei Zerstörungen hat sich doch in Museen und Kirchenschätzen noch manches edle und reiche Stück erhalten; prächtige Werke solcher Art aus dem 11. Jahrhundert sind unter den Schätzen der Kirchen zu

Fig. 46. Die Anbetung der h. 3 Könige. Von der Kanzel im Baptisterium zu Pisa.

Hildesheim und der Stiftskirche zu Essen. Zu den berühmtesten Werken gehört der sogenannte Verdüner Altar zu Kloster-Neuburg bei Wien. Aus 51 vergoldeten Erztafeln setzt sich das reiche Ganze zusammen, bedeckt mit Scenen aus dem alten Testament in vertieften Umrissen gravirt, die mit blauer und rother Farbe ausgefüllt sind.

Die italienische Kunst entwickelte sich freilich ähnlich der nordischen, doch ging sie auch wieder selbständig ihren Weg. Indessen stand die Frühepoche der bildenden Kunst hier auf einer sehr niebrigen Stufe, davon zeugt noch unter anderm das Erzportal von S. Zeno zu Verona und in Steinsculpturen die Darstellung des Abendmahls von der Kanzel in S. Ambrogio zu Mailand.

Erst im 13. Jahrhundert nahm die Sculptur unter Vorgang des berühmten Nicola Pisano einen neuen Aufschwung. Mit ihm lebte die Antike in ihrer Macht und Herrlichkeit plötzlich zu einem wunderbaren neuen Glanze auf, wenn auch zu einem kurzen Dasein, denn er steht am Ende dieses Zeitraumes. Eins seiner ersten Werke ist die prachtvolle Kanzel im Baptisterium zu Pisa 1260. Uebertroffen wird diese aber noch durch eins seiner späteren Werke, die Kanzel des Doms zu Siena.

VII. Die Sculptur des gothischen Zeitalters.

Suchen wir die weitere Entwickelung der Plastik in dieser Periode wieder auf, so finden wir besonders Frankreich an der Spitze der Bewegung. Vor Allem verlangten die neuerstandenen Kathedralen einen bildnerischen Schmuck. Die Seitenwände der Portale, die Thürpfosten, die Bogengliederungen und das Tympanon (Bogenfeld) werden mit figürlichem Schmucke ausgestattet.

Unter der großen Anzahl solcher Werke, die den Uebergang vom romanischen in's gothische Zeitalter vertreten, sind zu nennen die prächtigen Portalsculpturen an der Hauptfaçade der Kathedrale zu Rheims, doch ist hier schon der strenge Ernst der früheren Periode überwunden, und eine Höhe des Styls erreicht, die, abgesehen von der geringeren Formvollendung, unmittelbar an die edelste Antike erinnert, nur daß ein selbständiges Empfindungsleben innig und mild sich ausspricht. Andere ausgezeichnete Werke an den Kathedralen von Paris, Amiens, besonders an den Querschiffportalen der Kathedrale zu Chartres.

Das 13. Jahrhundert offenbarte eine erstaunliche Schöpferkraft und jugendliche Frische, die wohl vornehmlich durch das innig verbundene Schaffen der Baukunst und Bildnerei erreicht worden ist. Zumal hat die zweite Hälfte dieses Jahrhunderts, die Zeit Ludwig des Heiligen, hierin einen Höhepunkt erreicht, der nicht mit Unrecht dem Zeitalter des Perikles verglichen worden ist. Selbst an Rein-

VII. Die Sculptur des gothischen Zeitalters. 79

heit und klassischem Adel des Styles hat das ganze Mittelalter Nichts aufzuweisen, was den edelsten unter diesen Werken sich an die Seite stellen dürfte, doch schon im folgenden Jahrhundert ließ mit der Bauthätigkeit auch das bildnerische Schaffen bedeutend nach.

Fig. 47. Christus an der Kathedr. zu Amiens.

In Deutschland dagegen erwachte um diese Zeit wieder die künstlerische Kraft zu neuen, wenn auch nicht so großartigen, doch anziehenden Leistungen, z. B. die ausgezeichneten Statuen in der Vorhalle des Münsters zu Freiburg im Breisgau und an der Façade des Münsters zu Straßburg, ferner eine Reihe von Sculpturen im Dom zu Naumburg und im Dom zu Bamberg, an drei Portalen sowie im Innern an den Chorschranken. Die Gefangennehmung Christi im Dom zu Naumburg. Im 14. Jahrhundert erblüht die Sculptur in Deutschland zu anziehender Mannigfaltigkeit. Einen hohen Werth haben die Statuen Christi, seiner Mutter und der Apostel an den Pfeilern im Chor des Doms zu Köln. Ferner scheint sich in Nürnberg eine besonders rege und einflußreiche Thätigkeit entfaltet zu haben. Noch ziemlich früh sind die Sculpturen am Hauptportal von S. Lorenz. Um die Mitte des 14. Jahrhunderts blühte dort der Meister Sebald Schonhofer, dem man irrthümlich den sogenannten schönen Brunnen zuschrieb. Ein anderes Werk, ihm mit mehr Wahrscheinlichkeit beigelegt, sind die Sculpturen an der Vorhalle und dem Hauptportal der Frauenkirche.

Schwaben scheint im ersten Viertel des 15. Jahrhunderts

die Plastik lebhaft betrieben zu haben. So hat die Frauenkirche zu Eßlingen eine reiche Ausstattung erfahren, nachdem vorher schon die h. Kreuzkirche in Gmünd ihren prächtigen Sculpturschmuck erhalten hatte.

Fig. 48. Gestalten von Tugenden und Lastern. Münster zu Straßburg.

Auch England nimmt in dieser Zeit an den plastischen Bestrebungen Theil, und zwar sind diese meist auf Grabmäler gerichtet.

Der Erzguß kommt in dieser Epoche meist nur bei Taufbecken, Leuchtern, aber auch bei Grabdenkmälern vor. Prächtige Werke dieser Art sind z. B. die Monumente König Heinrichs III.

VII. Die Sculptur des gothischen Zeitalters. 81

von England und der Königin Eleonore in der Westminsterkirche zu London und das Grabmal des schwarzen Prinzen in der Kathedrale zu Canterbury. Unter den deutschen Werken ist das vorzüglichste das Monument des Erzbischofs Konrad von Hochstaden im Dom zu Köln.

Fig. 49. Die Heimsuchung. Von Andrea Pisano. Baptisterium zu Florenz.

Sodann kommen im nördlichen Deutschland, Flandern und Frankreich eine Anzahl broncener Grabplatten vor, in welche die Gestalt des Verstorbenen gravirt ist, umgeben von zierlicher Architektur. Z. B. die Doppelplatten im Dom zu Lübeck und im Dom zu Schwerin.

Neben der Elfenbeinschnitzerei finden die sogenannten Prachtmetalle eine Anwendung zu Reliquienbehältern, die ganz in der Form elegant und reich durchgebildeter gothischer Kirchen sich

Leitfaden zur Kunstgeschichte. 6

darstellen. Endlich ist noch der zahlreichen Bildwerke in Holz zu gedenken, welche besonders in Deutschland seit dem 14. Jahrhundert in Aufnahme kamen und vorzüglich zur Ausschmückung der Altäre verwendet wurden, unter andern im Dom zu Schleswig von Hans Brüggemann gearbeitet. In der Regel sind diese Holzschnitzaltäre, deren man viele in ganz Deutschland bis nach Tyrol hinein findet, prächtig bemalt und vergoldet. Gegen Ausgang dieses Zeitraums blühte in Nürnberg ein vorzüglicher Meister der Holzbildnerei, Veit Stoß.

In Italien gewinnt die bildende Kunst eine unabhängigere Stellung neben der Architektur. Die neue Entwickelung wird hauptsächlich durch Giovanni Pisano herbeigeführt 1240—1320. Das vollendetste seiner Werke ist der Hochaltar des Doms von Arezzo, eine überaus reiche Arbeit. Unter dem Einflusse Giotto's bildete sich zu bedeutender Meisterschaft Andrea Pisano 1280—1345. Sein Meisterwerk ist die Broncethür des Baptisteriums zu Florenz. Ein anderer Meister war Orcagna (Andrea di Cione); er schuf das prachtvolle Tabernakel des Hauptaltars von Or San Michele zu Florenz, vielleicht das glänzendste Decorationswerk der Welt. In Venedig, Neapel und Rom schuf die Sculptur großartige Marmorgrabmäler. In Verona sind die Denkmäler der Scaliger ein hervorragendes Werk.

VIII. Die Sculptur der Renaissancezeit.

1. Die Bildnerei Italiens (15. u. 16. Jahrh.).

Hatte schon in der gothischen Zeit die Sculptur sich in Italien ein freieres Terrain erkämpft, so boten sich ihr nun Gelegenheit und Mittel dar zu noch ungehemmterer Entfaltung. Ihre Hauptaufgabe bestand in Ausschmückung der Grabmäler und Altäre. Außerdem werden die Kanzeln, Taufsteine, Weihwasserschalen, Sängeremporen und Chorschranken reichlich bildnerisch verziert. Ueberall wird nur nach vollendeter Naturwahrheit, nach Lebendigkeit des Ausdrucks und vollkommener Schönheit gestrebt. Durch den angebornen großartigen Sinn der italienischen Kunst blieb sie in dieser Zeit des

VIII. Die Sculptur der Renaissancezeit.

energischen Realismus bewahrt vor Verirrung in kümmerliche, unwesentliche Details.

Toscana, seit lange der Vorort der italienischen Kunst, steht oben an. Der erste bedeutende Meister, der den Uebergang aus der früheren in die neue Kunstweise vermittelte, ist Jacopo della Quercia mit dem Beinamen della Fonte. Seine Hauptwerke sind ein Grabmal in der Sakristei der Kathedrale zu Lucca, die

Fig. 50. Relief. Von Lorenzo Ghiberti. Baptist. zu Florenz.

plastischen Verzierungen des Hauptportals von S. Petronio zu Bologna und die Sculpturen des Brunnens auf der Piazza del Campa zu Siena, von deren Trefflichkeit er seinen Beinamen empfing.

Ungleich bedeutender und wichtiger tritt uns der große florentinische Meister Lorenzo Ghiberti (1378—1455) entgegen, einer der größten Plastiker aller Zeiten. Sein berühmtes Hauptwerk: die östlichen Thüren des Baptisteriums zu Florenz begeisterten Michelangelo zu dem Ausspruch, daß sie würdig seien, die Pforten des Paradieses zu bilden.

Neben Ghiberti und ohne Zweifel unter seinem Einflusse entwickelte sich ein jüngerer Zeitgenosse: Luca della Robbia 1400 bis 1448. Die Hauptthätigkeit dieses Künstlers bestand in Figuren aus gebranntem und glasirtem Thon, meist in weißer Farbe auf lichtblauem Grunde mit geringem Zusatze von gelb, grün und

Fig. 51. Maria das Christuskind anbetend. Von Luca della Robbia.

violett durchgeführt. Aus seiner früheren Zeit rühren viele Werke in Marmor und Bronce, die zu dem Vorzüglichsten dieser Epoche zu zählen sind. Die vorwiegende Bedeutung dieses trefflichen Künstlers beruht aber auf den von ihm und seinen Gehülfen geschaffenen glasirten Terracotten. Unzählig oft wiederholt sich in denselben die Darstellung der Madonna mit dem Kinde, von Engeln umschwebt und von Heiligen umgeben. Ueberaus zahlreich finden wir diese Arbeiten in den Kirchen Toscana's verbreitet.

VIII. Die Sculptur der Renaissancezeit.

Ein dritter florentinischer Künstler war Donatello, der dem strengsten Naturalismus huldigte, und so den schärfsten Contrast sowohl gegen die Traditionen der früheren Epoche als gegen die edle Form der Antike bildet. Zahlreich sind seine Werke. Für die Orgelbrüstung des Doms zu Florenz lieferte er Marmorreliefs, jetzt in den dortigen Uffizien. Energische jugendliche Gestalten gelingen ihm am besten, so der h. Georg an Or S. Michele.

Die toscanische Bildhauerkunst war in dieser Epoche so reich an Produktionskraft, daß ihre Künstler durch ganz Italien überall hin berufen wurden. Neben ihnen finden wir aber namentlich in Oberitalien manche einheimische Meister thätig. Z. B. Mastro Bartolommeo, der vom idealen Styl des Mittelalters zu dem realistischen des 15. Jahrhunderts übergeht; sodann beherrscht die Künstlerfamilie der Lombardi, wie in der Architektur, so auch in der Sculptur Venedig.

Im 16. Jahrhundert hat ebenfalls Florenz den Vorgang und Lionardo da Vinci soll eine kolossale Reiterstatue des Francesco Sforza entworfen haben; doch ist sie leider nur im Thonmodell ausgeführt worden, das aber den Franzosen zur Zielscheibe ihrer Armbrust diente, als sie Mailand einnahmen, und so verloren ging.

Umfassendere Kenntniß haben wir von dem Schaffen eines andern florentinischen Meisters, des edlen Sansovino, der bis 1529 lebte. Man darf ihn den Rafael der Plastik nennen, sowohl wegen der Vollendung der Form, als harmonischer Schönheit des Empfindens. Eins seiner vollendetsten Werke und überhaupt eine der freiesten und schönsten Schöpfungen der modernen Plastik ist die Broncegruppe der Taufe Christi über dem Ostportal des Baptisteriums zu Florenz. (Fig. 52.)

Rafael hat auch zu mehreren plastischen Werken die Entwürfe gemacht und vielleicht eins derselben eigenhändig ausgeführt: die Marmorgestalt des sitzenden Jonas in der Chigi=Kapelle von S. Maria del Popolo zu Rom.

Mächtiger griff der große Nebenbuhler Rafaels, Michelangelo Buonarroti von Florenz 1475—1564 in das Gesammtgebiet der Plastik ein. Obwohl er groß war, sowohl als Architekt wie als Maler, bezeichnet er selbst die Sculptur als die Kunst, in der er sich vorzugsweise heimisch fühlte. Die Kunst ist mit ihm an einem Wendepunkt angelangt, wo sie in eine neue Zeit mit vorher nicht geahnten Perspektiven eintritt.

Während Michelangelo die Meisterwerke des Alterthums tief ergründete und aus ihnen sich einen selbständigen idealen Styl

Fig. 52. Taufe Christi, von Andrea Sansovino. Baptist. zu Florenz.

schöpfte, der sich als ein Kind der Antike kund giebt, ist er anderseits der erste, der mit der Tradition bricht, so daß mit ihm die moderne Kunst, die Herrschaft der Subjectivität beginnt. Um daher in der That seine Werke zu würdigen, bedarf es eines ernsten Studiums, eines tiefen Versenkens in dieselben. Ein unbefangenes Auge wird zuerst zurückgestoßen. In seine Jugendperiode fällt die Schöpfung der Pietas in St. Peter zu Rom vom Jahre 1499, d. h. die Madonna, welche über den Leichnam ihres Sohnes trauert,

Fig. 53. Moses von Michelangelo.

eine herrlich aufgebaute, tief empfundene und edel vollendete Marmorgruppe.

Der Periode des Ringens und Kampfes, des Bruches mit dem Alten gehört schon die colossale Marmorstatue des David vor dem Palazzo Vecchio zu Florenz an. Mit dem Jahre 1503, wo Michelangelo durch den Papst Julius II. nach Rom berufen wurde,

Fig. 54. Grablegung Christi, von Jacopo Sansovino. Sakristeithür von S. Marco.

beginnt die Epoche der höchsten Meisterschaft. Der Entwurf eines Grabmonumentes für diesen hochsinnigen und kunstliebenden Papst schien dem Meister Gelegenheit zu bieten, den kühnsten Flug seiner Phantasie zu wagen, allein durch ungünstige Umstände kam es nicht zu Stande. In einer späteren kleineren Ausführung seines Riesen-

VIII. Die Sculptur der Renaissancezeit. 89

entwurfs ist namentlich der sitzende Moses von ihm meisterhaft. Gegenwärtig in S. Pietro in vincoli zu Rom. In den Uffizien zu Florenz sind manche Werke von ihm erhalten.

Sodann verdienen die beiden Grabmäler des Giuliano und Lorenzo de' Medici in St. Lorenzo zu Florenz noch besonderer Erwähnung. Sie enthalten außer den sitzenden Statuen der beiden Fürsten die großartigen liegenden Gestalten von Tag und Nacht, Morgen= und Abenddämmerung. Außerdem im Louvre zwei treff= liche Statuen Gefangener, zum Grabmal des Papstes bestimmt, und eine schöne Madonna in der Liebfrauenkirche zu Brügge.

Die geniale Willkühr, der sich der große Meister immer mehr überließ, wurde ein Verhängniß für die Kunst, um so gefährlicher, je weniger innere Größe in den Nachahmern lag. Dennoch giebt es zunächst einige Künstler, die anerkennungswerthe Werke hinter= ließen; unter andern Benvenuto Cellini 1500—1572. Im Museum des Louvre befindet sich von ihm das feine, zierlich durch= geführte Broncerelief der Nymphe von Fontainebleau. Doch bestand seine Hauptmeisterschaft in kleineren Arbeiten der Gold= schmiedekunst; z. B. das berühmte Salzfaß in der Ambraser Samm= lung zu Wien.

Auch in den harten Naturalismus der Schulen Oberitaliens kommt in diesem Zeitraume ein milderer Hauch von Anmuth und Schönheit; sowohl in Bologna wie in Modena arbeiteten Künstler in diesem Sinne; der gefeierte Meister aber der Schulen Ober= italiens war Jacopo Tatti, nach seinem großen Lehrer Jacopo Sansovino genannt. Im Dom von Florenz ist die Statue des Apostels Jacobus von ihm aufbehalten. Von seinen zahlreichen Arbeiten in Venedig ist besonders die Broncethür der Sakristei von S. Marco hervorzuheben.

2. Die nordische Sculptur des 15. und 16. Jahrh.

Mit Beginn des 15. Jahrhunderts regt sich auch im Norden jener realistische Sinn, der die Kunst des Mittelalters verdrängen und der modernen, auf dem Studium der Natur beruhenden Auf= fassung den Sieg verschaffen sollte. Wenn gleichwohl die nordische Plastik im Ganzen nicht die Höhe der italienischen erreicht, so liegt das theils am Mangel antiker Anschauungen, am Fehlen des dafür nöthigen Marmormaterials, mehr aber noch an dem zu sehr auf das Einzelne gerichteten Streben und an einer starken Hinneigung

Fig. 55. Relief von Adam Krafft. Stadtwaage zu Nürnberg.

zum Phantastischen. Erst gegen Mitte des 16. Jahrhunderts verblaßte die natürliche Wärme und Naivetät des nordischen Sinnes, und an deren Stelle tritt ein theatralisches Gepränge, eine frostige Allegorie.

Um die Erfolge dieser Periode zu suchen, müssen wir uns zu

VIII. Die Sculptur der Renaissancezeit.

den Münstern und Domen wenden, dort finden wir vorzügliche Arbeiten, die halb der Architektur, halb der Bildnerei zufallen, so z. B. die meisterhaft ausgeführte Kanzel im Dom zu Freiberg am Erzgebirge; sodann die prächtige Kanzel des Münsters zu Straßburg, ferner die Kanzel der Stephanskirche zu Wien.

Einen der bedeutendsten Meister dieser Zeit brachte die fränkische Schule in Adam Krafft, der bis 1507 lebte und meist in Nürnberg thätig war. Energische Auffassung des Lebens, scharfe Ausprägung der Form und ein Zug gemüthvoller Innigkeit charakterisiren seine Werke; aber auch sie leiden, gleich den übrigen Arbeiten dieser Periode, an überfüllter Anordnung und wunderlichem Geschmack. Von wahrhaft erschütterndem Eindrucke sind die Reliefs der Passionsgeschichte, am Aeußeren von S. Sebald ausgeführt. Ein anziehendes Relief dieses Meisters bietet die Stadtwaage von Nürnberg, es beweiset, daß er auch das gewöhnliche Leben darzustellen wußte.

In Ulm blühte als der bedeutendste Meister der schwäbischen Schule Jörg Syrlin, welcher von 1469—74 das Chorgestühl im Münster zu Ulm, das vollendetste des ganzen Mittelalters, ausführte. Auch die Figuren am Brunnen auf dem Markte daselbst, dem sogenannten Fischkasten, sind sein Werk. Sein gleichnamiger Sohn war ebenfalls ein tüchtiger Bildschnitzer.

Das bedeutendste Grabmonument der ganzen Epoche ist wohl das prachtvolle Marmordenkmal Kaiser Friedrichs III. im Stephansdom zu Wien.

Für die deutsche Broncearbeit dieser Epoche tritt keine Schule so bedeutend hervor, wie die nürnbergische, wie denn überhaupt in der Mannigfaltigkeit ihres künstlerischen Schaffens diese alte Reichsstadt für Deutschland eine Stellung einnimmt, wie Florenz für Italien. Der Hauptmeister dieser Schule war Peter Vischer, gestorben 1529.

Unter allen kunstbegabten Meistern seiner Zeit hat er den freiesten Blick, der ihn befähigt, sich über die engen Schranken des Zeitgeschmackes zu erheben, und in rastlosem Streben eine Reinheit und Lauterkeit, eine Würde und einen Adel des Styles zu erreichen, welcher in jener ganzen langen Epoche in nordischen Landen vereinzelt dasteht. Das berühmte Hauptwerk dieses Meisters ist das

Sebaldusgrab in der Kirche dieses Heiligen zu Nürnberg, ausgeführt von ihm und seinen 5 Söhnen; sodann seine Marienkrönung im Dom zu Erfurt und der Schloßkirche zu Wittenberg, seine Grabmäler, z. B. das Friedrich des Weisen zu Wittenberg.

Fig. 56. Sebaldusgrab von P. Vischer.

IX. Die Sculptur im 17. und 18. Jahrhundert.

Nach der Verflachung, welcher die Sculptur in der letzten Zeit des 16. Jahrhunderts in Italien und anderwärts anheimgefallen war, raffte sie sich gegen den Beginn des folgenden Jahrhunderts

IX. Die Sculptur im 17. und 18. Jahrh. 93

zu einem neuen Style auf, der von Italien ausging und mit geringen Abweichungen fast 200 Jahre die Welt beherrschte. Wie wir schon an der Architektur dieser Barockzeit gesehen haben, drängt jetzt Alles auf möglichst energischen Ausdruck, auf glänzende Effecte hin. Hatte sich dieser Zeitrichtung das strenge Gesetz der Baukunst beugen müssen, wie viel leichter konnte die bildende Kunst darauf eingehen.

Fig. 57. Reiterstatue des großen Kurfürsten, von Schlüter.

Der Meister, welcher den entscheidendsten Einfluß auf die gesammte Sculptur seiner Zeit gewonnen hat, ist der auch als Architekt thätige Lorenzo Bernini. Scenen, wie der Raub der Proserpina oder die vor Apoll fliehende Daphne, beide in der Villa Borghese zu Rom, sind seine Lieblingsgegenstände.

In den Niederlanden treten einige namhafte Bildhauer auf, die im Wesentlichen, wie sie denn ihre künstlerische Bildung Italien verdanken, derselben Zeitrichtung folgen, aber doch durch eine edlere maaßvollere Behandlung zu glücklicheren Resultaten gelangen.

Deutschland besitzt aus der letzten Zeit des 16. Jahrhunderts eine überaus große Menge Grabdenkmäler in seinen Kirchen und Domen z. B. die Statuenreihe württembergischer Fürsten in der Stifts=kirche zu Stuttgart, und die Prachtgräber derselben Fürsten in der Stiftskirche zu Tübingen. Ein Hauptwerk der Epoche ist das großartige Denkmal Kaiser Maximilians in der Hofkirche zu Innsbruck.

Niederländische Einflüsse lassen sich in Berlin nachweisen, wo Andreas Schlüter (1662—1714) als einer der ersten Künstler dieser langen Epoche baute und meißelte. Die colossale Reiterstatue des großen Kurfürsten auf der langen Brücke ist sein Werk.

Etwas später war Rafael Donner in Wien thätig, er schmückte den Brunnen auf dem neuen Markte mit den in Blei ge=gossenen Statuen der Vorsehung und der vier Flüsse Oesterreichs.

X. Die Sculptur des 19. Jahrhunderts.

Aus der affectirten Süßlichkeit, in welche die Plastik des 18. Jahrhunderts versunken war, lenkte zuerst der Venetianer Antonio Canova (1757—1822) zur reineren klassischen Auffassung über. Besonders in der Darstellung weiblicher Schönheit war er glücklich, wenn auch noch die überzierliche Manier und Glätte der vorigen Epoche nicht völlig beseitigt sind. Weniger gelangen ihm Compo=sitionen würdig erhabener Gegenstände, und gänzlich scheiterte er bei heroischen Aufgaben, wie den beiden antiken Fechtern und dem Perseus in der Sammlung des Vatikans. Gelungen ist seine Gruppe der Grazien, in Marmor ausgeführt.

Canova's Einfluß auf die Zeitgenossen war ein überaus durch=greifender, und wenige Plastiker dieser Epoche blieben davon unbe=rührt. Am reinsten tritt derselbe bei J. H. Dannecker aus Stutt=gart hervor (1758—1841), der besonders in weiblichen Gestalten, wie in der berühmten Ariadne als Bacchusbraut auf dem Panther reitend, aus Marmor gearbeitet, in Frankfurt, Anmuth entfaltete und sich zugleich in Porträtdarstellungen auszeichnete; so in der colossalen Schillerbüste des Museums zu Stuttgart.

X. Die Sculptur des 19. Jahrhunderts.

Tiefer noch als der vorige drang der Däne Bertel Thorwaldsen (1770—1844) in den Geist und die Schönheit classischer Kunst ein und schuf mit unerschöpflich reicher Phantasie und in edelster Form eine Anzahl von Werken, die so lauter, so keusch und edel im griechischen Geiste gedacht sind, wie die architektonischen Werke eines Schinkel. In seinem berühmten Fries des Alexanderzuges in der Villa Sommariva am Comer See lebt der echt griechische Reliefstyl in ganzer Strenge und Reinheit wieder auf; in zahllosen Statuen, Gruppen und kleineren Reliefs variirt er in großer Mannigfaltigkeit die Stoffe aus der antiken Mythologie; z. B. die Statuen des Jason und des Mars. Die Frauenkirche in Kopenhagen dankt ihm ihren reichen plastischen Schmuck.

Während so das weite Reich der idealistischen Skulptur wieder aufgebaut wurde, wandte sich der Berliner J. G. Schadow (1764 bis 1850) mit Energie einer mehr realistischen Richtung zu. Sein Monument des Grafen von der Mark, in der Dorotheenkirche zu Berlin, die Standbilder Ziethens und des Fürsten Leopold von Dessau auf dem Wilhelmsplatze daselbst, die Statue Friedrichs des Großen zu Stettin, das Denkmal Blüchers zu Rostock, die Siegesgöttin auf dem Brandenburger-Thor zu Berlin und manche andere sind ein lebendiger Protest gegen die bis dahin herrschend gewesene Richtung und erschließen der Plastik aufs Neue ein Gebiet, das sie seit zwei Jahrhunderten fast gänzlich verloren hatte.

Den ersten Rang unter den deutschen Bildhauerschulen nimmt in der Gegenwart die Berliner ein. Während hier F. Tieck in einer Reihe würdiger Werke die antike Auffassung festhielt, prägte sich die Richtung, welche Schadow eingeschlagen hatte, in edler und maaßvoller Weise durch die lange einflußreiche Wirksamkeit von Christian Rauch (1774—1857) zur Vollendung aus. Während seine Victorien in der Walhalla und manche vortreffliche Reliefdarstellungen von classischer Schönheit sind, zeugen seine Standbilder des Fürsten Blücher, der Generale Bülow und Scharnhorst, die colossale Reiterstatue Friedrichs des Großen zu Berlin und manche andere von einer feinen Charakteristik und lebensvollen Auffassung.

Manche bedeutende Meister sind aus seiner Werkstatt hervorgegangen und bilden den Kern der heutigen Berliner Schule; so Friedrich Drake, dessen Reliefs am Standbilde Friedrich Wilhelm III. im Thiergarten bei Berlin voll Anmuth sind. Ferner Schievelbein, sonderlich glücklich in Reliefcompositionen. Bläser, von dem die bedeutendste Marmorgruppe auf der Schloßbrücke, A. Fischer und in der Thierbildnerei A. Kiß und W. Wolf.

Aus der Schule Rauchs ist sodann Ernst Rietschel (1804 bis 1861) in Dresden zu nennen. Sein Doppelmonument Schillers und Goethe's in Weimar, mehr noch aber sein Lessing in Braunschweig offenbaren treu die Richtung des Vorgängers, in seiner Pietas zu Sanssouci ist ein Werk von idealer Schönheit und seelenvoller Tiefe der Empfindung geschaffen, in seinen plastischen Werken zur Ausschmückung des Opernhausgiebels zu Berlin, des Theaters und des Museums zu Dresden bewährt er sich auch als Meister dieser Gattung.

Neben ihm ist in Dresden Ernst Hähnel zu nennen. Er ist der Schöpfer des Beethoven zu Bonn.

In München war der reichbegabte Ludwig Schwanthaler (1802—1848) der Hauptvertreter einer mehr romantischen Richtung. Mit fast unerschöpflicher Phantasie begabt, hat dieser Meister in seinem kurzen Leben eine Fülle umfangreicher Aufgaben gelöst, indem er den meisten der unter König Ludwig entstandenen Gebäuden ihren plastischen Schmuck gab. Während dieser sich durch fruchtbare Erfindung und einen glücklichen decorativen Sinn auszeichnet, vermochte der Künstler, durch körperliche Hinfälligkeit gehemmt, seinen monumentalen Schöpfungen nicht eine allseitige Durchbildung der Form zu geben. Großartig ist das colossale Standbild der Bavaria in München.

Sein Einfluß wurde neuerdings auch nach Wien verpflanzt, wo Fernkorn, ein Schüler Schwanthalers, das Reiterbild des Erzherzogs Karl ausführte.

Auch in Frankreich waren namhafte Künstler in der Sculptur thätig, z. B. P. J. David, ein scharfer Naturalist, dessen Porträtbüsten besonders geistvoll und lebendig sind. Außerdem heben wir Rude und Duret hervor.

Einen wichtigen Mittelpunkt für die moderne Plastik bildet fortwährend Rom mit seinen zahlreichen Werkstätten. Hier arbei=

X. Die Sculptur des 19. Jahrhunderts.

teten Canova und Thorwaldsen und in ihrem Sinne wirkte dort als würdiger Schüler **Pietro Tenerani** als Vertreter einer edlen classischen Richtung; in nicht minder anziehender Weise ist der Engländer **John Gibson** daselbst thätig; durch edlen Formensinn und tiefe Empfindung zeichnet sich **Karl Steinhäuser** von Bremen aus. Endlich hat Holland in dem unter Thorwaldsen gebildeten **Matthias Kessel** († 1830) einen tüchtigen Plastiker aufzuweisen.

Nennen wir zum Schluß noch eine Künstlerin: **Maria, Herzogin von Württemberg**, geb. Prinzessin von Orleans, † 1839. Von ihr ist in Marmor ausgeführt die Peri, welche die Thräne des reuigen Sünders dem Schöpfer zu Füßen legt, und der Engel, der an der Himmelspforte wacht. — Jetzt der Schmuck ihres Grabes.

Dritter Abschnitt.

Die Malerei.

Einleitung.   Mittel und Verfahren der Darstellung.

Hier haben wir vornehmlich Malgrund und Malstoffe zu unterscheiden.

Zeichnungen werden ausgeführt durch Stifte von verschiedenen Stoffen.

Gemälde durch Pinsel, die verschiedene Farbenstoffe auftragen, doch bildet die Zeichnung auch das Gerippe für das Gemälde.

Der Maler darf die Dinge nicht zeichnen, wie sie sind, sondern wie sie erscheinen zufolge der Optik, also nach hinten verjüngt. Diejenige Fertigkeit nun, welche eine Zeichnung von Gegenständen so herstellt, daß diese wie in der Wirklichkeit verjüngt erscheinen, nennt man die Kunst der Perspective. Ohne Perspective und Schattengebung ist ein malerisches Kunstwerk nicht möglich; zur Vollendung kommt aber die Farbe hinzu. Man unterscheidet die drei Grundfarben: Roth, Gelb, Blau, zu denen die Alten noch Schwarz, Mangel alles Lichts, Weiß, Fülle des Lichts, zählten, und Mittelfarben.   Um Farbenharmonie herzustellen, bedarf man noch der Ergänzungsfarben.

Die künstlerische Farbenbehandlung eines malerischen Werkes nennt man seine Färbung oder sein Colorit, und man versteht

Mittel und Verfahren der Darstellung. 99

darunter den farbigen Gesammteindruck. Man spricht daher von greller Färbung, unruhiger Färbung. Die farbige Behandlung des Fleisches wird mit dem Worte Carnation bezeichnet. Durch die Verwebung der Malerei mit der Schattengebung erwächst derselben eins der größten Mittel ihrer Erfolge, ein Spiel des Lichtes und Schattens mit Farben und Glanz, ein Weben des Einen in das Andere, das den zartesten Duft über ein Gemälde breitet; es entstehen in wunderbar sanften Uebergängen leuchtende Schatten, es entsteht das Helldunkel (Correggio, Rembrandt).

Das allmähliche Abtönen der Gegenstände bis zur fernsten Ferne, wo sie im Blau der Luft verschwinden würden, nennt man Luftperspective; sie bringt besonders den Unterschied von Vordergrund, Mittelgrund und Hintergrund, findet also vornehmlich bei Landschaften ihre Anwendung.

1) Malgrund, Papier oder Pergament, Elfenbein oder dergleichen. Stoffe: Bleistift, Kohle, Kreide, und Aquarellfarben. — Zeichnung.

2) Malgrund: Holz, Leinwand. Stoffe: Tempera oder Oelfarben. — Tafelgemälde.

3) Malgrund: Wandflächen. Stoffe: Trockene Farben, Wasser-, Tempera-, Wachsfarben, Fresko. — Wandmalerei.

1) Bleistift. Der warme silbergraue Ton des Graphits, seine ungemeine Leichtigkeit, einen Strich hervorzubringen, seine Fähigkeit, die Schatten vom leichtesten bis zum tiefsten Schwarz übergehen zu lassen, die Bequemlichkeit, den Stift zu führen, die leichte Möglichkeit des Auslöschens der Linien geben ihm einen großen Vorzug, einen künstlerischen Reiz und machen ihn besonders geeignet, Empfindungen und Eindrücke rasch zu Papier zu bringen: Skizzen, Handzeichnungen. Statt des Bleistiftes bedient man sich auch der Feder.

Die Kohlenzeichnung ist nicht wohl für kleinen Maaßstab anwendbar, eignet sich vielmehr für Studienzwecke, aber auch zu Anlagen, Contouren bei Tafelbildern, Wandmalereien. Sie macht einen breiten Strich, haftet nur lose und läßt sich hinwegblasen, ohne Flecken zu hinterlassen, aber auch auf starkem Cartonpapier kann man die Kohle binden, indem dies zuvor mit Leimwasser bestrichen und nach dem Trocknen die Zeichnung ausgeführt wird.

Werden dann nasse Dämpfe übergeführt, so erweicht sich der Leim und bindet die Kohle.

Die schwarze Kreide giebt einen feinern Strich und eine größere Tiefe, jedoch nicht angenehm beim Arbeiten und schwer sauber zu behandeln.

Deshalb sind fast alle großen Cartons der neuen Zeit Kohlenzeichnung (Cornelius), doch hat Kaulbach auch zugleich die Kreidezeichnung angewendet, sie neigt mehr zum Gemälde hin.

Wo aber der Maaßstab ein großer ist, wird die Kohle ihren Werth behaupten. Cartons dieser Art spielen in der Kunstgeschichte eine hervorragende Rolle, seitdem Leonardo da Vinci und Michel-Angelo im Jahre 1504 die Cartons für die Wandgemälde im großen Rathhaussaale zu Florenz der erstaunten Stadt vorgeführt haben. Besonders in unserem Jahrhundert sind werthvolle Cartons entstanden, und fast jeder bedeutende Maler hat sich hierin versucht, ohne gerade für eine spätere Ausführung in Oel oder Fresko zu arbeiten. Sind Farben unmittelbar auf dem Carton angelegt, so hat man es natürlich mit farbigen Cartons zu thun. Nimmt man statt des weißen farbiges Papier, so werden bei schwarzer Kreidezeichnung die Lichter aufgesetzt mit weißer Kreide. Farbige Kreidezeichnungen sind nur mangelhaft herzustellen wegen des Mangels an bunter Kreide, an ihre Stelle tritt die Pastellmalerei, doch sind Gemälde, mit solchen künstlich bereiteten Pastellstiften ausgeführt, wobei der Wischer angewandt wird, wenig dauerhaft, und durch Ueberzug von Gummi würde ihnen der eigentliche Reiz des Wolligen, Warmen, Trockenen genommen.

Auf nassem Wege wird durch die Aquarellmalerei Aehnliches erreicht. Man bedient sich hierzu kleiner Pasten, die aus Farbestoffen mit Honig oder arabischem Gummi bereitet werden und bringt sie vermittelst Wasser zur Anwendung. Die Aquarellen können auf zweierlei Weise hergestellt werden, indem man nämlich die schattirte Zeichnung lasirt (leicht übermalt) oder indem man nur die Linearzeichnung anlegt und mit den Farben die Schattenwirkung herstellt. Jenes Verfahren ist mehr ein Tuschen, dieses ein Malen, doch nähert sich jenes diesem, indem man die Schattirung nicht mit dem Bleistift, sondern mit dem Pinsel ausführt, durch Anwendung

Mittel und Verfahren der Darstellung. 101

von schwarzer Tusche oder der braunen Sepia. Kaulbachs Hunnenschlacht in Berlin, 17½ bis 22 Fuß, ist solche Sepiazeichnung.

Die Aquarellzeichnung bildet den Uebergang zu den Tafel- und Wandmalereien, sie ist ein Kind unserer Zeit, diente ehemals nur zu Randzeichnungen, auf Pergament oder Elfenbein ausgeführt.

Bei der Wasch- oder Gouachemalerei werden die Farben deckend aufgetragen; sie sind dichter, als beim Aquarelliren, werden ohne genaue Zeichnung auf das Papier gebracht, erscheinen schwer und massig, gewähren aber eine größere Möglichkeit für Entfaltung reiner Farbenwirkung.

Es findet ein Verwaschen, Ineinander-Arbeiten statt. Glänzende Farbenerscheinungen in der Natur lassen sich äußerst wahr und wirkungsvoll wiedergeben, z. B. Sonnenuntergang. In Neapel ist die Waschmalerei zu einem Gewerbszweige geworden, der südliche Ansichten massenhaft erzeugt.

Für Tafelbilder war im Mittelalter Holz allgemein gebräuchlich, doch zieht man seit dem 16. Jahrhundert wegen des Wurmfraßes die Leinwand vor. Diese wird mit feinem kreideartigen Malgrund überzogen, der sich besonders zur Aufnahme von Farben eignet.

Bevor die Oelmalerei allgemein wurde, mußte man natürlich Farbenstoffe anderer Art anwenden, welche man zusammenfassend in der Kunstgeschichte Temperafarben nennt. Die einfachste unter denselben ist die Leimfarbe, und dieser schließen sich die an, deren Bindemittel Harz oder Gummi sind, doch leiden sie alle an dem Uebelstande, daß die gemalten Farben sich leicht abblättern, auch mangelt ihnen lebendige Frische. In den letzten Zeiten des Mittelalters gab man daher den Vorzug Farbenstoffen, deren Bindemittel Eiweiß und Ziegenmilch waren, auch vermuthet man mit Wahrscheinlichkeit, daß Harz- oder Wachslösungen zu solchen Zwecken angewandt sind. Diese vorwiegend so bezeichneten Temperafarben sind von ungleich größerer Kraft und Tiefe, sie gewähren mitunter einen leuchtenden Glanz und haben viel Aehnlichkeit mit den Oelfarben der ersten Zeit in ihren künstlerischen Wirkungen. Wegen ihres schnellen Trocknens ließen sie sich aber nicht so verarbeiten, auch mußten solche Temperabilder mit Oel oder Firniß überzogen werden. Mit dem Ende der Temperafarben erreichte auch der Goldgrund sein Ende. Er hatte Jahrhunderte lang, getragen vom byzantinischen Styl, geherrscht, und bestand darin, daß man den Hintergrund der Figuren nicht, wie später geschah, als Luft, Land, Mauer oder sonst wie naturgemäß ausbildete, sondern gleichmäßig vergoldete. Wie außerordentlich die richtige Anwendung des als barbarisch verschrieenen Goldgrundes wirke, bezeugen die herrlichen Arbeiten im Dom zu Speyer.

Schon um das Jahr 1000 kannte man die Anwendung von Baum- und Nußöl für die Malerei, jedoch erst im 15. Jahrhundert erlangte die Oelmalerei durch die Brüder van Eyck ihre große Bedeutung, ihre Oelfarben sind kaum wieder erreicht worden. 1450 kam diese Malerei zuerst nach Italien und fand hier bald überall Anwendung; sie führt zu einer höheren künstlerischen Vollendung durch den eigenthümlichen Glanz und Saft, die Transparenz, so wie durch den außerordentlichen Umfang von Farbentönen. Dazu ist die Oelmalerei bequem und liefert Bilder von größerer Dauerhaftigkeit, als nach dem früheren Verfahren erreicht wurde.

Man entwirft das Bild nach der Skizze auf Leinwand mit Kreide. Die Ausführung geschieht dann entweder alla prima d. h. es werden gleich jedem Theile des Bildes die Farben gegeben, die es in seiner Vollendung haben soll, oder das Gemälde wird mit Untermalen ausgeführt, indem man erst die Schatten in einem Ton anlegt und dann erst nach und nach zu den Farben übergeht, die das Bild haben soll. Das häufige Untermalen vollendet in der Regel die feine Durchbildung der Modellirung und Färbung. Staffelei, Palette und Malstock nebst einer Menge Pinsel sind wesentlich nothwendige Utensilien für die Oelmalerei.

Das Oelbild, Tafelbild, Staffelei- und Galeriebild hält die Mitte zwischen der leicht zerstörbaren Papierzeichnung und der Wandmalerei: in dieser tritt uns nun die eigentliche monumentale Malerei entgegen, die sich in lebendige Wechselwirkung setzt mit den Schwesterkünsten: Baukunst und Bildhauerkunst. Den Malgrund bildet eine möglichst glatt geputzte Fläche der Wand. Auf dieser Fläche malten die Alten mit Wasser- oder Wachsfarben, doch lag meist ein Verfahren zu Grunde, was sie „Enkaustik" (Erhitzung) nannten, welches uns aber unbekannt blieb.

Im Mittelalter unterschieden sich zwei Arten des Verfahrens: die Malerei al secco, d. h. auf trockenem Grunde, oder al fresco

Mittel und Verfahren der Darstellung. 103

auf frischer Mauer, also auf dem eben geputzten noch nassen Mörtel. Dieses Malen erforderte eine besonders sichere Hand und ein geübtes Auge, da Verbesserung nicht thunlich war, auch mußte die Malerei gleichzeitig mit dem Abputzen ausgeführt und also stückweise auf einander folgend vollendet werden.

Dies Verfahren war bis vor Kurzem das allgemein gebräuchliche, obwohl man seit 100 Jahren vergebliche Versuche machte, dasjenige der Alten wiederzufinden. Inzwischen führte eine neue Erfindung zum Ersatz. Diese beruht auf einer richtigen Erkenntniß des Verfahrens bei der Freskomalerei. Es bildet sich nämlich bei dieser Malerei auf dem noch nassen Kalkgrunde ein Ueberzug von kieselsaurem Kalk.

Man malt nun auf trockenem Grunde mit mineralischen Wasserfarben. Die Arbeit kann so mit einem Male begonnen und beliebig unterbrochen werden, auch kann man verbessern, nachhelfen. Nach der Vollendung tränkt man das Bild vermittelst einer Spritze mit Wasserglas und mit der Abtrocknung ist das Werk vollendet, es ist ein Ueberzug von kieselsaurem Kalk hergestellt (Stereochromie, Farbenbefestigung). Die erste große Arbeit in dieser Weise sind Kaulbachs Wandgemälde im Treppenhause des Neuen Museums zu Berlin.

Diese Bilder kommen den Oelgemälden sehr nahe, und wenn sie dieselben auch nicht erreichen, so haben sie doch ihre großen Vorzüge, namentlich in einem reichen Farbenspiel.

Mosaikmalerei: Stiftmalerei. Die Bilder werden aus kleinen farbigen Stiften zusammengesetzt, Glas, Thon, Holz, und diese auf der Rückseite durch Kitt oder Mörtel verbunden. Die Porzellan- und Emailmalerei haben die größte Verwandtschaft, indem bei jener auf der glasirten Thonmasse, bei dieser auf einer ganz ähnlichen Glasur gemalt wird, welche auf Tafeln oder Gegenständen von Metall angebracht ist. In Kapseln werden sie dann der Glühhitze in Brennöfen ausgesetzt.

Dem Stoff nach unterscheidet man: Historien-, Landschafts-, Blumen-, Thiermalereien, Genrebilder und Stillleben, Porträtmalerei. Skizzisten entwerfen nur Bilder, ohne sie auszuführen.

Durch die nachbildenden Künste werden die Schätze der Kunst aus den verschiedenen Zeitaltern uns näher gebracht. Wir kennen drei nachbildende Künste, die sämmtlich eine Vervielfältigung durch die Presse verlangen, und eine vierte, die der Presse nicht bedarf, die **Photographie**.

1) Die **Kupferstechkunst**, eine deutsche Erfindung des 15. Jahrhunderts, erreichte im 16. Jahrhundert einen bedeutenden Grad der Vollkommenheit. (Schongauer, Dürer.)

Auf eine glatt polirte Kupfertafel wird die Zeichnung durch mehr oder minder vertiefte kreuzweise Linien übertragen. Die Ausführung geschieht durch **Grabstichel** oder **Radirnadel**, bei letzterer bedient man sich der Aetzkunst. Die Platte wird in diesem Fall mit einer dünnen Schichte von Asphalt überzogen und dann auf diesen Aetzgrund die Zeichnung mit der Nadel leicht eingeritzt, die Platte aber hierauf der ätzenden Wirkung von Säuren, namentlich der Schwefel- und Salpetersäure in stark verdünnter Mischung ausgesetzt, so daß sich der Nadelstrich vertieft; um aber die feinen Stellen vor dem Angriff der Säuren zu schützen, bringt man Deckwachs darauf. Dieser Weise des Radirens haben sich seit Albrecht Dürer eine Reihe der begabtesten Künstler zugewendet, da die Weise der Ausführung der des Bleistifts so verwandt ist.

Auch bei der Grabstichelarbeit ist das Aetzen mitunter angewandt worden. Ist die Kupferplatte also vollendet, so folgt die Einschwärzung und dann der Abdruck.

Stahl- und **Zinkstiche** erreichen nie den Kupferstich, namentlich läßt der Stahlstich im Abdruck die Härte und Sprödigkeit des Stoffes empfinden.

2) Die **Holzschneidekunst**, ebenfalls eine echt deutsche Kunst. Das Verfahren ist einfach: Auf eine Holzfläche (Buxbaumholz) zeichnet man mit Bleistift das Bild und arbeitet nun mit verschiedenen Werkzeugen den Grund vertieft heraus, so daß die Zeichnung erhaben hervortritt, dann folgt Einschwärzung, Abdruck.

Der Kupferstich ist die vollkommenste der nachbildenden Künste, der Holzschnitt die volksthümlichste. Zur schönen Blüthe ist diese Kunst in unsern Tagen aufgebrochen unter der Hand Ludwig Richter's.

3) **Steindruck**. Dieser wird auf den lithographischen Stein (natürlicher Kalkstein aus dem fränkischen Jura) ausgeführt. Die Gravirmanier oder der Steinstich ist eine treue Nachahmung des

Kupferstiches, aber von sehr geringem künstlerischen Werth; man verwendet ihn meist nur zur Herstellung von Landkarten ꝛc.

Anders verhält es sich mit der Zeichnung auf die Oberfläche, die für Jeden, der Pinsel und Bleistift zu handhaben weiß, auszuführen ist. Nachdem die Fläche des Steines rauh gemacht ist, wird die Zeichnung mit lithographischer Kreide oder chemischer Tusche ausgeführt, und ist dann für die Presse geeignet. Es fehlt der Lithographie die charakteristische Linienführung, mit ihrer Flächenzeichnung eignet sie sich vornehmlich zur Herstellung von Landschaften. Ihre Zeichenmittel behandelt sie wie Malstoffe und arbeitet ähnlich wie der Maler. Die Verbindung der eigentlichen Kreide- oder Tuschzeichnung mit Tönen ist die einfachste Form des farbigen Steindrucks (Farbendruck); dennoch ist die Arbeit ziemlich complicirt, durch das Erforderniß verschiedener Platten, die von dem Original in Thon hergestellt werden, und nach einander die verschiedenen Farben auftragen.

4) Die Photographie. Hier arbeitet die Natur, und der Mensch lenkt. In ihrem Wesen liegt nichts Künstlerisches; doch dient sie der Kunst.

I. Die Malerei des klassischen Zeitalters.

1. Die Malerei der Griechen.

Weit später als die Plastik entwickelte sich die Malerei, und wenn wir auch bei den Indern und Aegyptern schon die Anwendung von Farben finden, ja wenn auch ausgedehnte Wandgemälde in manchen Grotten vorkommen, so war und blieb diese Kunst doch bei den orientalischen Völkern auf einer niedrigen Stufe und stand ausschließlich im Dienst der Architektur und der Plastik. Erst bei den Griechen begegnen wir der Malerei als einer selbständigen Kunst, deren Entwicklung einer minder frühen Zeit angehört, als die der Plastik und Architektur; ob aber auch die jüngere Kunst, war sie nicht die unbedeutendere.

Freilich ist es schwierig, auch nur eine ungefähre Anschauung von jenen vielgepriesenen Meisterwerken zu gewinnen, da uns keines derselben erhalten ist. Dennoch ist eine große Anzahl von Gemälden auf uns gekommen, welche uns zu einer annähernden Schätzung verhelfen können. Dies sind einestheils die unzähligen gemalten Vasen, die zu Tausenden in allen europäischen Museen angetroffen werden, anderseits die reiche Fülle von Wandmalereien, welche vorzüglich in Pompeji und anderen Orten aufgedeckt worden sind. Doch müssen wir bedenken, daß diese Werke theils Erzeugnisse handwerklicher Fertigkeiten, theils flüchtige dekorative Arbeiten sind, also in einem unendlichen Abstande von den Schöpfungen der großen griechischen Meister stehen.

Den Inhalt solcher malerischen Darstellungen bildete vor Allem der Göttermythus und die Heroensage.

Die Technik der antiken Malerei erscheint mannigfaltig, je nach Art und Bestimmung der einzelnen Werke. Vor Allem hat man zwischen Wandgemälden und Tafelbildern zu unterscheiden, jene wurden mit einfachen Wasserfarben trocken oder al Fresko, letztere auf Holztafeln in Tempera gemalt. Erst in der Blüthezeit der antiken Kunst wurde die enkaustische Malerei erfunden.

Schon vor dem peloponnesischen Kriege begegnen wir namhaften Meistern, so zur Zeit des Kimon (462) dem Polygnot, der in Athen mehrere Prachtbauten mit seinen Gemälden zu schmücken hatte. Den größten Ruhm genossen seine in einer Halle zu Delphi ausgeführten Bilder. In figurenreicher Darstellung und vielen Gruppen hatte er die Einnahme Ilions und den Besuch des Odysseus in der Unterwelt geschildert. Es waren colorirte Umrißzeichnungen auf farbigem Grunde, ohne Schatten und Modellirung, ohne Perspective, nur in vier Farben ausgeführt, und doch waren sie von mächtigem Ausdrucke und geistiger Bedeutung.

Die attische Schule im 5. Jahrhundert setzte ihre Bestrebungen in ähnlicher Richtung fort, nur führte Apolloboros eine kräftigere Modellirung der Gestalten durch Beobachtung von Licht und Schatten ein.

Nach dem peloponnesischen Kriege zieht sich die Malerei eine Zeitlang aus Attika zurück, um in den kleinasiatischen Staaten, namentlich in Ephesus, einen weiteren, bedeutenderen Fortschritt zu machen. Das Verdienst dieser ionischen Schule beruht hauptsächlich auf einer reineren und reicheren Ausbildung der Farben. Gleich der Plastik erhielt auch die Malerei in dieser Zeit mehr die Richtung auf das Leben, auf die Befriedigung profaner und privater Bedürfnisse, und an die Stelle der früheren monumentalen Wandmalereien trat die Tafelmalerei. Manche Künstleranekdoten geben Zeugniß für das Streben nach täuschender Wirklichkeit, z. B. der Wettstreit des Zeuxis und des Parrhasias. Zeuxis, aus Heraklea gebürtig, war in seiner späteren Lebenszeit in Ephesus thätig. Nicht bloß zarte Anmuth und weibliche Grazie lebte in seinen Bildern, sondern auch überraschende Situationen gelangen ihm vortrefflich. Im Wetteifer mit ihm entfaltete der Ephesier Parrhasias seine nicht minder bewunderte Kunst. Er führte nach dem Bericht des Plinius zuerst die Proportionslehre in die Malerei ein, verlieh dem Gesichte Feinheiten des Ausdrucks, dem Haupthaare Eleganz, dem Munde seinen sanften Reiz und trug nach dem Bekenntnisse der Künstler in den Conturen die Palme davon.

Wie in der Plastik der attischen Schule die peloponnesische, so ist in der Malerei der ionischen die Schule von Sikyon entgegengesetzt. Eine schärfere wissenschaftliche Ausbildung, eine höchst bestimmte charakteristische Zeichnung und ein ernstes wirksames Colorit scheinen ihr eigenthümlich gewesen zu sein. Den höchsten Gipfel erreichte die griechische Malerei durch den großen Apelles, der in der zweiten Hälfte des 4. Jahrhunderts lebte und die Vorzüge der ionischen und sikyonischen Schule zu vereinigen wußte. Er scheint, ein antiker Rafael, seinen Werken eine vollendete Anmuth, jenen zarten Hauch der Schönheit verliehen zu haben, der nur aus der Verbindung der feinsten Formen mit zartem Schmelz des Colorits und edler seelenvoller Auffassung entspringt. Das berühmteste unter seinen Werken war die Aphrodite, die aus den Fluthen des Meeres auftaucht und mit den Händen die Feuchtigkeit und den Schaum des Meeres ausdrückt.

Unter den Zeitgenossen des Apelles war Protogenes so ausgezeichnet, daß selbst ein Apelles wie versteinert vor Bewunderung ein von ihm gemaltes Bild des Jalysos anschaute. Einige Reste dieser Epoche sind in den Grabkammern zu Pästum aufgefunden worden, z. B. die Darstellung eines Jünglings, der seinen verwundeten Gefährten zu Roß aus der Schlacht führt, jetzt im Museum zu Neapel befindlich.

In der Epoche nach Alexander drang in die Malerei immer mehr ein Streben nach Naturalismus ein, das sich mit der Vorliebe für Darstellungen aus dem niederen Leben, für Genrebilder und Stillleben verband. Doch gab es auch jetzt noch Maler, die in der höheren Gattung Ausgezeichnetes leisteten. In dieser Epoche des überhand nehmenden Luxus scheint auch die Mosaikmalerei sich ausgebildet zu haben.

Schließlich haben wir noch der gemalten Vasen zu gedenken, die nicht allein in ihrer Gesammtform als ausgezeichnete Beispiele von der Feinheit des griechischen Schönheitssinnes Zeugniß ablegen, sondern auch für die Anschauung ihrer Malerei große Bedeutung haben. Bedenken wir, daß diese Werke nur Erzeugnisse handwerklicher Thätigkeit sind, so muß die oft freie und schöne Zeichnung uns zur Bewunderung hinreißen.

2. Die Malerei der Etrusker.

Eine reiche Auswahl von Gemälden bietet den Beweis für eine gewisse Vorliebe, mit welcher die Etrusker diese Kunst pflegten. In den unterirdischen Grabkammern sind die Wände in der Regel mit Malereien bedeckt. Meist sind es colorirte Umrißzeichnungen, einfach in lichten freundlichen Farben ausgeführt, Darstellungen aus dem täglichen Leben: Tänze, Kampfspiele, Jagden und andere Scenen. Die Anordnung ist einfach im Reliefstiel. Die Vasenmalerei der Etrusker war von untergeordneter Bedeutung.

3. Die Malerei bei den Römern.

Auch die Malerei ging von den Griechen zu den Römern über und feierte hier bis zur Zeit des Hadrian eine glänzende Nachblüthe.

Die Aufdeckung von Pompeji und Herculanum, die Untersuchung der Thermen des Titus und mancher unterirdischer Gräber in der Nähe Roms haben uns von einem wichtigen Zweige der römischen Malerei reichliche Anschauung gebracht, und das Museum zu Neapel bietet eine Uebersicht des Schönsten und Bedeutendsten dar. Es sind das meist Nachbildungen älterer griechischer Meisterwerke al Fresko auf nassem Kalk ausgeführt, selten auf trocknem Grunde mit Leimfarbe. Die ganze schöne Welt der antiken Sagen und Mythen lebt dort vor dem Auge des Beschauers auf im schimmernden Glanze der Farben.

Wesentlich verschieden von diesen ist ein Mosaikbild von höchster Vollendung, das den Fußboden im sogenannten Hause des Fauns schmückte und für die Darstellung einer Alexanderschlacht gehalten wird. Die Composition ist malerisch, mit reichem perspektivischen Hintergrund.

II. Die Malerei des Mittelalters.

1. Die altchristliche Malerei.

Wie die erste Entfaltung einer christlichen Plastik in den Katakomben zu finden war, so haben wir auch die Anfänge der christlichen Malerei dort zu suchen. In den Wandgemälden der Katakomben findet die neue Lehre einen künstlerischen Ausdruck. An den Gewölben, in den Nischen, an den Wänden der ausgezeichneteren Räume, der Kapellen und vornehmsten Grabstätten wird schon zeitig ein bildnerischer Schmuck in schlichten, leicht und flüchtig ausgeführten Wandmalereien angebracht. Zuerst folgt man dem Vorbilde der antiken Wandmalereien, nur daß an die Stelle heidnischer Gestalten christliche Zeichen und Bilder treten. Besonders reich an solchen Werken sind die Katakomben von S. Calisto, S. Agnese u. a. zu Rom; das 3., noch mehr aber das 4. Jahrhundert ist die Zeit, welche diese Richtung zur Blüthe brachte. (Fig. 56.)

Schon die nächste Epoche begnügte sich nicht mehr mit der einfachen symbolischen Darstellung; es galt, das Persönliche, geschichtlich Bestimmte zur Anschauung zu bringen. Die Scenen der heiligen Legenden werden dargestellt. Die Katakomben von S. Pontiano zu Rom liefern zahlreiche Beispiele dieser Art.

Hatte die christliche Malerei in den Katakomben ein bescheidenes unterirdisches Leben zu führen, so ward sie daneben doch auch zeitig zu einer glänzenderen Bethätigung aufgerufen. Die Basiliken,

welche seit der staatlichen Anerkennung des Christenthums aller
Orten in großer Zahl errichtet wurden, bedurften einer Ausstattung,
welche der nunmehrigen Stellung der Kirche entsprach. In der
ersten Zeit fand nun wohl die Wandmalerei hier ihre Anwendung,

Fig. 56. Wandbild aus den Katakomben von S. Calisto.

doch bald suchte man nach einer glänzenderen Ausführung. Vielleicht von Byzanz beeinflußt, hatte man sich dem Mosaik zugewendet, das zur neuen und höheren Ausbildung kam, und nicht
mehr, wie bei den alten Römern, zur Ausschmückung der Fuß-
böden, sondern zur Verherrlichung der Wände und Wölbungen der
Gotteshäuser diente.

II. Die Malerei des Mittelalters. 111

Ein Hauptwerk aus dem 5. Jahrhundert sind die Mosaiken an der Wand des Triumphbogens in S. Paolo zu Rom.

Um den Beginn des 6. Jahrhunderts war in Italien der letzte Rest antiker Kultur so völlig aufgezehrt, daß das Land aus eigner Kraft keine Kunstwerke mehr hervorbringen konnte. Dagegen hatte sich in Byzanz ein neues Kunstleben gebildet. In seinen Grundzügen auf antiker Basis beruhend, hatte es doch allmählig unter Einwirkung des Orients eine starke Umprägung erfahren, und als byzantinischer Styl seinen mächtigen Einfluß auf die ganze christliche Welt ausgedehnt.

Fig. 57. Mosaik aus der Vorhalle der Sophienkirche.

Der Grundgedanke byzantinischer Kunst ist höchste Prachtentfaltung. Wie für die Bekleidung der Altäre, Thürflügel, für die Herstellung der kirchlichen Geräthe die kostbarsten Stoffe, Gold, Silber, Perlen und Edelsteine zur Anwendung kamen, so wurde auch in den Mosaiken statt des bisher überwiegenden blauen Grundes der Goldgrund fortan herrschend.

Das bedeutendste und umfassendste Werk dieser Epoche sind die Mosaiken, mit welchen vermuthlich um 560 die Sophienkirche zu Constantinopel ausgestattet wurde. Die Bilder des Chores und der große als Weltenrichter thronende Christus in der Kuppel sind verschwunden. Die übrigen Darstellungen unter der Tünche, mit welcher türkische Orthodoxie sie vorsorglich bedeckt hat, sind noch gut erhalten. In der Vorhalle die Darstellung des thronenden Erlösers, der von Kaiser Justinian mit orientalischer Geberde der Unterwürfigkeit verehrt wird. Auch das Abendland ist in diesem und den folgenden Jahrhunderten reich an musivischen Malereien; besonders zu nennen: Mosaik der Altarnische von S. Paolo zu Rom, im alten Lateran, an der Apsis von S. Marco, in der Apsis von S. Maria in Domnica daselbst. Sodann in den Kirchen von Ravenna: S. Vitale, S. Apollinare Nuovo und S. Apollinare in Classe.

Neben diesen großen monumentalen Arbeiten läßt sich durch die verschiedenen Epochen der altchristlichen Zeit eine Reihe von Werken der Kleinkünste verfolgen, unter denen die Miniaturen in Pergamenthandschriften einen wichtigen Platz einnehmen. Wie die Bilderhandschriften des Virgil und Terenz in der vatikanischen Bibliothek Nachbildungen antiker Compositionen, so begann man früh schon die heiligen Schriften der alten Christen auszuschmücken, z. B. in der Vaticana zu Rom die 32 Fuß lange Pergamentrolle mit Darstellungen aus dem Leben des Josua, ebendaselbst die Handschrift der ersten acht Bücher des alten Testaments, und das Manuscript der Genesis in der kaiserlichen Bibliothek zu Wien.

Von der späteren Epoche sind fränkische Miniaturen, Bilderhandschriften aus der Zeit Karls des Großen u. a. in der Stadtbibliothek zu Trier erhalten.

2. Die romanische Malerei.

Die italienische Malerei dieser Epoche bleibt zunächst bei den großen monumentalen Werken in den Fußstapfen der Byzantiner. Auch jetzt noch wurde die musivische Malerei vielfach geübt. Die ausgedehnten Mosaiken im Innern von S. Marco zu Venedig fallen größtentheils noch ins 11. Jahrhundert. Die in der Apsis von Sta. Maria in Trastevere ins 12. Jahrhundert, und auch aus dem 13. Jahrhundert sind eine große Anzahl Mosaikbilder erhalten, z. B. Krönung der Maria von dem Mönch J: Turriti in der Altarnische von S. Maria Maggiore zu Rom. Neben diesen glänzenden Werken ist aber auch in anspruchloserer Weise die Wandmalerei gepflegt. Davon zeugen z. B. die Wandgemälde im Baptisterium zu Parma.

II. Die Malerei des Mittelalters.   113

Als der eigentliche Gründer der folgenden Periode der italienischen Malerei wird der Florentiner Giovanni Cimabue (1240—1300) betrachtet, doch ist er keineswegs völlig frei von byzantinischer Ueberlieferung: Fresken von ihm in S. Francesco zu Assisi, und zwei Tafelbilder der Madonna in S. M. Novella zu Florenz und in der Akademie daselbst. In Siena blühte gleichzeitig ein nicht minder bedeutender Meister, Duccio, von dem man im Dom daselbst ein treffliches Altarbild sieht.

Fig. 58. Johannes der Evangelist, von Cimabue.

Auch diesseits der Alpen wurde während der romanischen Epoche die Wandmalerei mit großem Erfolg gepflegt, und selbst die unbedeutenderen Gotteshäuser, ja unscheinbare Dorfkirchen erhielten diesen Schmuck. In Deutschland sind die Gewölbmalereien im Dom zu Braunschweig, die Decke in S. Michael zu Hildesheim, die Wandgemälde in der Nikolaikapelle zu Soest, in der Kirche zu Schwarz-Rheindorf (Fig. 59) zu nennen. In Frankreich die Gemälde in den Kirchen zu S. Savin und Tournus. Alle diese Werke beruhen mehr auf antiker als byzantinischer Ueberlieferung und zeichnen sich meist durch würdevollen Ernst, großartige Gestalten, kraftvolle Färbung und architektonische Anordnung aus.

Leitfaden zur Kunstgeschichte.   8

Endlich hat auch die Miniaturmalerei durch den Fleiß kunstfertiger Klosterbrüder eine glänzende Entwicklung erfahren, während die Tafelmalerei erst vereinzelt auftritt.

Fig. 59. Wandgemälde von Schwarz-Rheindorf.

3. Die gothische Malerei.

Während der gothische Styl in den nördlichen Ländern die Plastik begünstigte, wurde die Malerei nicht gefördert, vielmehr zurückgedrängt. Da die Architektur ihr die ausgedehnten Flächen entzog, fiel im ganzen Norden die Wandmalerei fast gänzlich fort und kam nur selten zur Verwendung, wie z. B. in der ehemaligen Kapelle zu Ramersdorf bei Bonn, im Chor des Domes zu Köln. Was nun aber der Wandmalerei an künstlerischen Kräften und Mitteln verloren ging, wurde überwiegend der Glasmalerei zugewendet. Hatte man in der vorigen Epoche die einfachen romanischen Fenster mit Glasgemälden zu schmücken gesucht, wie viel stärker mußte der Trieb dazu jetzt erwachen, wo in den weiten und

II. Die Malerei des Mittelalters. 115

hohen gothischen Fenstern sich Raum und Gelegenheit zu umfassenden bildnerischen Darstellungen bot.

Die Miniaturmalerei in dieser Periode ist vornehmlich der Illustration weltlicher Dichtungen des Minnesangs gewidmet. Es

Fig. 60. Das Imhoff'sche Altarbild zu Nürnberg.

sind meist leicht ausgeführte Federzeichnungen; sie verrathen eine Frische der Empfindung, die mit dem zarten poetischen Gefühle der Dichtungen harmonirt.

In der Tafelmalerei übertrifft Deutschland alle übrigen

nordischen Länder, besonders seit der Mitte des 14. Jahrhunderts. Solche Tafelbilder wurden theils als Altargemälde verwendet, theils auch benutzte man sie als schließende Deckel von Altarschreinen, für deren Hauptbild Holzschnitzereien verwendet waren.

So sehr nun auch in diesen Werken die allgemeine Richtung der Zeit in ihrem sanften Gefühlsausdruck vorwiegt, treten doch selbständig ausgeprägte Schulen hervor, z. B. unter der Herrschaft des kunstliebenden Kaisers Karl IV. seit 1350 in Böhmen. Doch noch wichtiger wurde die Nürnberger Schule, deren Blüthezeit ebenfalls ins 14. Jahrhundert fiel. Noch später erblühte die Schule von Köln, aber auch höher und reiner. Die bedeutendsten Werke dieser Schule knüpft man an die Namen zweier Künstler: Meister Wilhelm und Meister Stephan. Mit dem Namen des letzteren bringt man das berühmte Dombild vom Jahre 1426 in Verbindung. Es ist jetzt in einer Chorkapelle des Kölner Domes aufbewahrt. Die Haupttafel zeigt die Anbetung der Könige.

Mehr noch als in der Plastik ist auch in dieser Epoche die Malerei bei den Italienern die bevorzugte Lieblingskunst. Was die frühere Epoche auf diesem Gebiete hervorgebracht, sind nur die Anfänge, aus denen jetzt erst mit immer größerer Herrlichkeit die Wunderblüthe der italienischen Kunst emporsteigt. Nicht wie im Norden auf beschränkte Altartafeln und auf die Glasmalereien eingeengt, mochte die Malerei auf den weiten Wandflächen und Gewölbefeldern, welche die Architektur ihr lassen mußte, den ganzen Umfang, die volle Tiefe der christlichen Gedanken erschöpfend aussprechen und sich im weitesten Sinne als christliche Kunst erweisen.

Der Hauptsitz dieser Kunstblüthe ist Toscana. Die Meister in Florenz sind es vorzüglich, welche mit freiem Blick das Leben erfassen und mit diesen frischen Anschauungen eine tiefsinnige Darstellung der heiligen Legenden verbinden. Der große Giotto (1276—1336), den wir schon als Architekten und Plastiker kennen lernten, ist der erste und mächtigste Meister dieser Zeit, dessen Thätigkeit durch ganz Italien durch großartige Compositionen bezeugt wird, und dessen überwältigender Einfluß der italienischen Kunst seines Zeitalters auf lange hin den Stempel aufprägte. Wohl ist in seinen Darstellungen ein Nachklang des byzantinischen Styles

II. Die Malerei des Mittelalters.   117

nicht zu verkennen, aber ein neuer jugendlich frischer Hauch belebt seine Schöpfungen.

Drei Hauptwerke sind es vor allen, die seine ganze Größe und Bedeutung zeigen. Zuerst schuf er 1303 als 27jähriger Jüngling den fast unabsehbaren Bildercyklus der Kirche zu S. Maria dell' Arena zu Padua. Einen andern ebenfalls bedeutenden Cyklus bilden die Gemälde an dem mittleren Gewölbe der Unterkirche von S. Francesco zu Assisi. Ein dritter gedankenreicher Cyklus

Fig. 61. Von Giotto's Gemälden in der Arena zu Padua.

findet sich an den Gewölben der kleinen Kirche Sta. Maria incoronata zu Neapel, nämlich die sieben Sacramente und eine allegorische Verherrlichung der Kirche, die indeß jetzt wohl mit Recht ihm abgesprochen werden. Von den wenigen Tafelbildern des Giotto erwähnen wir einen Cyclus von 26 kleinen Bildern, die er für die Sakristeischränke von Sta. Croce zu Florenz gemalt hatte, jetzt größtentheils in der Akademie daselbst befindlich. Einer der mächtigsten geistesverwandten Nachfolger Giottos ist Orcagna; eine reiche Fülle seiner Schöpfungen bewahrt die Capella Strozzi in Sta. Maria Novella zu Florenz.

Wesentlich unterschieden ist die Schule von Siena. Ihr Streben geht weniger auf lebendige Erfassung des Daseins, als vielmehr auf Darstellung des innerlichen Lebens der Empfindung. Sie erreicht in der liebevollen Hingebung an das Einzelne eine zarte Durchbildung der Gestalten, die sie mehr in abgeschlossenen Altarbildern, als in ausgedehnten Fresken zur Geltung bringt. Der Hauptmeister ist Simone di Martino (irrig Simone Memmi) 1276 bis 1344. Zwei Madonnenbilder von ihm befinden sich im Museum zu Berlin.

Fig. 62. Krönung der h. Jungfrau, von Fiesole.

Mit dem Beginn des 15. Jahrhunderts tritt eine neue, durchaus selbständige Entwicklung in die italienische Malerei, die überall mehr auf ein kräftiges Erfassen der Natur, auf gründlicheres Studium der Form, auf vollendete Durchbildung des Kolorits und der Perspective hinzielt. Während nun die meisten Maler dieser Epoche eine neue Richtung, die realistische, annehmen und damit die Herrschaft der modernen Kunst begründen, beharrt ein klösterlich abgeschlossen lebender Meister treu bei den Traditionen und der Auffassungsweise des Mittelalters und weiß denselben durch die unvergleichliche Innigkeit und Schönheit seiner Empfindung ein neues Leben einzuhauchen. Fra Giovanni Angelico (1387—1455) von seinem Geburtsorte Fiesole genannt, steht in seiner Weise einzig da, wie die spät erschlossene Wunderblüthe einer fast verschollenen Zeit. Die gotterfüllte Innigkeit des christlichen Gemüthes, die engelreine Lauterkeit und Schönheit der Seele ist nie so herrlich in der bildenden Kunst verklärt worden, wie in seinen Werken. Davon zeugen sonderlich seine Tafelbilder in kleineren Dimensionen, von denen sich eine große Anzahl in der Akademie zu Florenz befindet, darunter ein köstliches Leben des Herrn. Treffliche Fresken im Kloster S. Marco zu Florenz, im Dom zu Orvieto und in der Kapelle Nicolaus V. im Vatican.

Auch in den übrigen Gegenden Italiens sind von 1350—1450 zahlreiche tüchtige Künstler thätig, theils beeinflußt von Giotto, theils in mehr selbständiger Weise.

III. Die Malerei der neuern Zeit.

1. Die italienische Malerei des 15. Jahrhunderts.

Das Bedürfniß nach Ausführung großer Fresken gewährte in dieser Epoche der italienischen Malerei einen entschiedenen Vorzug; es wurde dadurch ein freier monumentaler Styl zur lebendigen Entwicklung gebracht. Durch das Componiren im Ganzen und Großen wurden die Maler bewahrt vor der Klippe der nordischen Kunst dieser Zeit, dem Untergehen ins Einzelne, Zufällige und Kleinliche. Einen anderen Vorzug gewährte ihnen ihre selbständige Stellung, in der, weniger von Nachahmung antiker Kunst berührt, die frische unmittelbare Auffassung der Wirklichkeit ihr Hauptziel war.

Gleich der vorigen Epoche zeigt auch die jetzige die Schule von Toskana als die erste an Reichthum und nachhaltiger Kraft des künstlerischen Schaffens. Wohl liefern die heiligen Geschichten den Meistern dieser Epoche noch den Stoff für ihre Darstellungen, aber nicht mehr der Vorgang selbst ist ihnen die Hauptsache, sondern die naturwahre Darstellung der Wirklichkeit. Deshalb stellen sie die heiligen Gestalten in reiche landschaftliche Umgebungen, gefallen sich in prächtig geschmückten architektonischen Hintergründen und machen ihre Zeitgenossen im vollen Kostüm ihrer Tage zu theil=

nehmenden Zeugen der heiligen Vorgänge. Während dadurch der religiöse Inhalt der Bilder entschiedenen Abbruch erfährt, wird nun zum ersten Male das wirkliche Leben ernsthaft und ausführlich zum Gegenstand der Kunst gemacht.

Fig. 63. Johannes nimmt Abschied von seinen Eltern. Von Fra Fil. Lippi im Dom zu Prato.

Masaccio (1402—1428) tritt als entscheidender Bahnbrecher auf. In den Fresken einer Kapelle in S. Clemente zu Rom mit den Geschichten der heil. Katharina und des heil. Clemens spricht sich noch ein Schwanken zwischen der älteren und neueren Zeit aus. Sein Hauptwerk aber sind die Fresken, welche er zur Vollendung des von seinem Lehrer Masolino begonnenen Cyclus in Sta. M. del Carmine zu Florenz ausführte.

III. Die Malerei der neuern Zeit.   121

Das Beispiel dieser kühnen gewaltigen Darstellungsweise riß die Zeitgenossen zur Bewunderung, zur Nachahmung hin. Einer der ersten unter ihnen ist Fra Filippo Lippi (1412—1469). Ausgezeichnet sind seine Wandgemälde des Doms zu Prato; unter diesen die Geschichte Johannes des Täufers und die Steinigung des Stephanus. Seine Tafelbilder zeichnen sich durch milde Anmuth und ein harmonisches klares Kolorit aus. Einer der bedeutendsten Meister dieser Epoche ist Domenico Ghirlandajo (1451—1495), der recht eigentlich als der geistige Erbe des Masaccio zu betrachten ist.

Fig. 64. Zacharias schreibt den Namen des Johannes. Von Dom. Ghirlandajo.

Zu seinen früheren Arbeiten gehört das Wandbild in der Sixtinischen Kapelle zu Rom: Petrus und Andreas vom Herrn zum Apostelamt berufen. Wichtiger sind zwei Cyklen von Freskobildern, mit denen er 1485 die Kapelle Saffetti in S. Trinita zu Florenz (Leben des heil. Franziskus) und 1490 den Chor von S. Maria Novella daselbst schmückte: (Leben Johannes des Täufers und der heil. Jungfrau).

Außerdem ist Benozzo Gozzoli durch seine köstlich naiven und heitern Wandbilder im Campo Santo zu Pisa, Sandro

Botticelli durch seine liebenswürdigen Tafelbilder und Fresken in der Sixtinischen Kapelle, sowie sein Schüler Filippino Lippi durch die lebensvollen Fresken im Carmine zu Florenz (Vollendung des von Masaccio begonnenen Cyklus) und in S. Maria Novella daselbst bemerkenswerth.

Neben diesen Meistern, ebenfalls selbständig und groß, glänzt als einer der mächtigsten Geister Luca Signorelli von Cortona (1438—1521), kühn und gewaltig, in leidenschaftlichen Schilderungen erschütternder Scenen allen Zeitgenossen überlegen. Den Höhepunkt seiner eigenthümlichen Begabung bezeichnen die Fresken, mit welchen er die von Fra Angelico begonnene Ausmalung der Madonnen-Kapelle im Dom zu Orvieto vollendete: das jüngste Gericht. Selten haben sich in so engem Raume solche Gegensätze in der Ausführung gefunden. Unter den reinen seligen Gestalten eines Fiesole, die von den Gewölben niederblicken, breiten sich an den Wänden die mächtigen Gebilde Signorelli's aus, ein Geschlecht von Gewaltigen, das gegen die allgemeine Vernichtung kämpft. Zur höchsten Meisterschaft brachte er dabei die Darstellung des nackten menschlichen Körpers in den kühnsten Bewegungen.

Unter den Schulen Oberitaliens steht die von Padua oben an, mit ihrem ersten Meister Mantegna (1431—1506). Sein Hauptwerk sind die Wandgemälde in der Kirche Eremitani zu Padua; sodann schmückte er den herzoglichen Palast zu Mantua: z. B. Gruppen aus dem Triumphzuge des Julius Cäsar (dieser gegenwärtig im Schlosse Hamptoncourt in England), Herkules und Antäus. Alles ist auf Goldgrund gemalt und offenbart seine Vorliebe für antike Gegenstände. Unter seinen Altarbildern sind der Hauptaltar von S. Zeno zu Verona, eine thronende Madonna im Louvre und im Museum zu Berlin der von zwei klagenden Engeln gehaltene Christusleichnam hervorzuheben. (Fig. 65.)

In der Lombardei tritt um diese Zeit die Schule von Mailand hervor, noch bedeutender die Schule von Venedig, als deren eigentlicher Begründer Giovanni Bellini dasteht (1426—1516). Die Farbe wird unter ihrem Pinsel das wahre Element der Darstellung. Schon in früheren Epochen war hier mehr als anderswo ein zartes reichverschmolzenes Kolorit angestrebt worden, und in der von van Eyck in Flandern ausgebildeten Oelmalerei, die durch

III. Die Malerei der neuern Zeit.   123

Antonello da Messina (Bilder im Museum zu Berlin und im Louvre) nach Italien gebracht wurde, fand sich um diese Zeit eben das geeignetste Mittel dafür. Ohne tiefe Gedanken, ohne besonderen poetischen Schwung, ohne Reichthum und Wechsel der Composition weiß Bellini seinen Bildern durch bedeutsam ausgeprägte Charaktere den Ausdruck eines edlen würdigen Daseins zu geben, das sich ohne Leidenschaft in feierlicher Ruhe darstellt.

Fig. 65. Altarbild von Mantegna. Berlin.

Dabei erreicht das Kolorit in ihm jene Herrlichkeit, jene milde Kraft und leuchtende Klarheit, die fortan das unveräußerliche Eigenthum der venetianischen Schule bleiben.

Mehrmals malte Giovanni die Einzelgestalt des Erlösers; eines der edelsten dieser Bilder befindet sich in einer alten Kopie in der

Galerie zu Dresden und eine Wiederholung als Kniestück im Museum zu Berlin.

Mitten in dem überwiegend realistischen Streben, das im 15. Jahrhundert fast alle Schulen Italiens durchdrang, erhielt sich in Umbrien, den stillen Waldthälern des obern Tiber, eine selbständige Kunstweise, die mehr auf einer tiefen Empfindung, als auf frischem Erfassen des äußeren Lebens beruhte. Als der eigentliche Begründer

Fig. 66. Madonna, von P. Perugino.

dieser Richtung erscheint Nicolo Alunno von Foligno, doch nahm Pietro Perugino (1446—1524) das von jenem begonnene Werk auf und prägte es in seinem langen Leben zu eigenthümlicher Vollendung aus.

Eine tiefe religiöse Schwärmerei waltet in allen seinen Bildern, der Ausdruck der Andacht, der Hingebung, des Flehens und der Entzückung ist kaum einem andern Meister in diesem Maße gelungen. Namentlich sind seine weiblichen Gestalten von großer Anmuth, auch das Ehrwürdige des Alters gelingt ihm wohl, nur der Ausdruck männlicher Kraft, energischen Willens geht ihm ab. Seiner besten Zeit gehört die thronende Madonna mit vier Heiligen, jetzt in der Galerie des Vatican. Vielleicht das bedeutendste seiner Tafelbilder ist die Kreuzabnahme in der Galerie Pitti zu Florenz.

In Perugia schmückte er die Wände und die Decken des Collegio del Cambio mit Fresken, und in der sixtinischen Kapelle zu Rom malte er ebenfalls ein treffliches Wandbild. Neben ihm ist als Freskomaler Pinturicchio (Libreria des Doms zu Siena) und der liebenswürdige Francesco Francia von Bologna zu nennen.

Am unmitelbarsten durch die flandrische Schule beeinflußt war die Schule zu Neapel, als Hauptmeister derselben wird Antonio Solario genannt; ihm wird unter anderem eine Kreuztragung in S. Domenico maggiore zugeschrieben.

2. Die italienische Malerei des 16. Jahrhunderts.

Was die Zeit des Perikles für die Sculptur gewesen war, das wurde die Epoche des 16. Jahrhunderts für die Malerei. Das 15. Jahrhundert hatte dazu in vielfacher Weise den Weg gebahnt. Die Malerei hatte die unbedingte Herrschaft über das Reich der Formen erlangt und konnte nun mit höchster Freiheit sich zur Darstellung der tiefsinnigsten Ideen, der erhabensten Schönheit wenden. Hätte sich diese Vollendung der Kunst nur in einem einzigen Meister concentrirt, so würde dies genügen, der italienischen Malerei jenes Zeitraumes für immer den Stempel der Classicität aufzuprägen. Um so wunderbarer erweist sich aber die schöpferische Kraft dieser unvergleichlichen Epoche, da eine ganze Reihe von Meistern ersten Ranges neben einander auftreten, die in eben so vielen bedeutenden originalen Richtungen denselben letzten Schritt zum Gipfel idealer Schönheit, klassischer Vollendung zurücklegen.

a. Lionardo da Vinci und seine Schule.

Der Begründer dieser neuen und höchsten Epoche der Malerei ist Lionardo da Vinci (1452—1519). Er war eine seltene Erscheinung in jeder Beziehung, von anmuthiger würdevoller Schönheit, von kaum glaublicher Körperkraft, geistig aber von so vielseitiger Begabung, wie sie fast nie in derselben Persönlichkeit sich zu verbinden pflegt. Denn nicht bloß in der Sculptur und der Malerei glänzt er unter den ersten Künstlern seiner Zeit, sondern in allen anderen Zweigen der praktischen und mechanischen Kenntnisse war er seiner Zeit vorausgeeilt.

Fig. 67. Aus dem Abendmahl Lionardo's.

Im Jahre 1482 wurde er nach Mailand an den Hof des Lodovico Sforza gerufen und hier führte er sein weltberühmtes Abendmahl aus im Refectorium bei S. Maria delle Grazie, ein Werk, dessen spätere Verwüstung immer zu beklagen bleibt. Es ist in Oelfarben auf die Wand gemalt.

III. Die Malerei der neuern Zeit.

Als Lionardo sich im Jahre 1499 nach seiner Vaterstadt zurück begab, führte er in einem großartigen Carton das Bild eines Reitertreffens aus. Dieser sowie sein kurz vorher gezeichneter Carton der heil. Familie erregte die größte Bewunderung. Gegenwärtig befindet letzterer sich in der Akademie zu London. Die Sammlung der Uffizien bewahrt eine großartige Anbetung der Könige.

Die letzten Lebensjahre verlebte Lionardo in Frankreich am Hofe Franz I.

Viele Werke unter seinem Namen sind Arbeiten seiner Schüler; er selbst arbeitete nur langsam und ließ häufig angefangene Werke unvollendet, hatte aber genug der herrlichsten Gedanken, um einer ganzen Schule damit Stoff zur Ausführug zu geben. Hierher gehört unter andern La vierge aux rochers, im Louvre befindlich. Ebendort zwei Frauenbildnisse von wunderbarer Vollendung, besonders das berühmte Bild der Mona Lisa, der Gemahlin seines Freundes Giocondo. Ebendort die h. Jungfrau auf dem Schooß der h. Anna.

Der freieste und gleichwohl treueste Schüler Lionardo's war Bernardino Luini; wahrscheinlich vollendete er Lionardo's Christus mit den Schriftgelehrten, in der Nationalgalerie zu London.

Aus der älteren lombardischen Schule hervorgegangen, hatte sich sowohl unter dem Einflusse des Lionardo wie der umbrischen Schule gebildet Gaudenzio Ferrari. Er führte ein Abendmahl im Refectorium von S. Paolo zu Vercelli aus; außerdem treffliche Fresken in den Kirchen zu Varallo und Saronno.

Zu Lionardos besten Schülern gehört Andrea Solario.

Von der lombardischen Schule geht anfänglich aus Gianantonio Bazzi, genannt il Sobboma. Vom Papste Julius II. nach Rom berufen, hat er dort im Vatican mehrere Wandgemälde ausgeführt, von denen indeß nur wenig noch vorhanden ist. Dagegen sind in der Villa Farnesina zwei schöne Fresken erhalten: Alexanders Vermählung mit der Roxane und die Gemahlin des Darius, die den siegreichen Alexander um Gnade bittet.

Später schuf der Meister seine vollendetsten Werke in Siena. Die Himmelfahrt der Maria in S. Bernardino ist von seiner Hand. Im Oratorium der S. Caterina malte er mehrere Wandbilder aus dem Leben der Heiligen. Unter seinen Tafelbildern ist seine Kreuzabnahme in S. Francesco erwähnenswerth, be-

sonders aber gehört ein hl. Sebastian in der Galerie der Uffizien
zu Florenz, von wunderbarer Tiefe des Seelenschmerzes und hin=
reißender Schönheit, zu den edelsten Schöpfungen seiner Zeit.

b. Michelangelo und andere Florentiner.

Michelangelo Buonarroti von Florenz (1475—1564), den wir
schon als Baumeister und Bildhauer kennen lernten, steht neben

Fig. 63. Der Prophet Jesaias. Von Michelangelo.

dem älteren Lionardo auch in der Malerei als Mitbegründer der
neuen Zeit da, zugleich aber als einer der Ersten und Höchsten unter
allen Meistern dieser Kunst. Ja, man darf sagen, daß im Erha=
benen, Gewaltigen, Gedankentiefen, in kühner Bewegung und groß=
artiger Formbildung kein Anderer in der Kunst ihm jemals gleich
gekommen sei. Bei ihm stand die Farbengebung der Zeichnung nach.

III. Die Malerei der neuern Zeit.   129

Derselbe titanische Geist, der seine Sculpturen erfüllte, lebt auch in den großen Gemälden, die er geschaffen. Staffeleibilder waren seine Sache nicht; was sich in solchen Raum zwängen ließ, sprach er lieber in Marmor aus; dagegen schuf er allein ohne Beihülfe die beiden größten Fresken, welche bis dahin vollendet worden waren.

Auf Antrieb des Papstes Julius II. malte er die Decke der sixtinischen Kapelle aus, in der unglaublich kurzen Frist von

Fig. 69. Gruppe der Vorfahren Christi. Von Michelangelo.

20 Monaten. Diese Decke ist das vollendetste unter allen Werken des Meisters und das gewaltigste Denkmal der Malerei aller Zeiten. Die langgestreckte mittlere Fläche des Gewölbes erhielt in acht abwechselnd schmaleren und breiteren Bildern die Hauptscenen der Genesis, von der Schöpfungsgeschichte bis zur Sündfluth. Auf den großen Dreieckfeldern der Wölbung sind die sitzenden Gestalten der Propheten und Sibyllen, die vordeutend auf den Messias hinweisen, dargestellt, in den vier entsprechenden Eckräumen schildert er die vierfache Errettung des Volkes Israel, und zwar die eherne Schlange, Goliath, Judith und Esther. An den Zwickeln und Fensterbögen

Leitfaden zur Kunstgeschichte.   9

sieht man in schönen Gruppen die Gestalten der Vorfahren Mariä, die in stiller Erwartung dem Erlöser entgegen harren.

Zu dieser gedankenvollen und tiefsinnigen Schaar von Scenen und Gestalten fügt er außerdem noch auf gemalten Postamenten und an andern untergeordneten Stellen eine Welt von herrlichen Figuren, grau und broncefarbig ausgeführt, die dem architektonischen Gerüste reiches Leben verleihen, ohne den Blick zu verwirren. Etwa 30 Jahre später, schon im hohen Alter, schuf der Meister im Auftrage Papst Pauls III. an der Altarwand derselben Kapelle sein **Jüngstes Gericht**. Kühner als je vorher sagt er sich von aller Tradition der christlichen Kunst los; er wollte den Sturm der Leidenschaften in gewaltigster Bewegung menschlicher Körper entfesseln; dazu paßte ihm nur ein Moment, wie er in dem weltvernichtenden „Weichet von mir, ihr Verdammten" gegeben war. Schrecken, Verzweiflung, ohnmächtige Wuth, Kampf zwischen Furcht und Hoffnung durchbrausen das ungeheure Bild.

So reich an künstlerischen Kräften war das gesegnete Florenz, daß neben den beiden Meistern Lionardo und Michelangelo noch andere tüchtige Meister zur selbständigen Thätigkeit kamen; unter ihnen **Fra Bartolommeo** (Baccio della Porta, 1469—1517). Eins der herrlichsten Werke dieses Meisters ist die Kreuzabnahme in der Galerie Pitti. Andere treffliche Altarbilder sieht man in den Kirchen von Lucca. Neben ihm ist der jüngere **Andrea del Sarto** als der größte Colorist der florentiner Schule durch schöne Altarbilder und Fresken in der Annunziata zu Florenz von selbständiger Bedeutung.

c. Rafael und seine Schule.

Waren die bisher betrachteten Meister der Malerei aus der florentinischen Schule hervorgegangen, so haben wir uns nun zu einem andern Großmeister dieser Kunst zu wenden, der seiner ersten Entwicklung nach aus der umbrischen Schule stammt. Es ist **Rafael Santi aus Urbino** (1483—1520). Was bei seiner Erscheinung am meisten hervortritt, ist eine Harmonie aller geistigen Anlagen, die selbst bei den größten Künstlern nur selten gefunden wird; in solcher Vollkommenheit wie bei ihm wohl nur noch bei einem einzigen innerlich nahe verwandten Meister einer andern Kunst, bei

III. Die Malerei der neuern Zeit. 131

Fig. 70. Vermählung der Maria, von Rafael.

Mozart. Ist bei andern, selbst bei den ersten Meistern irgend eine Richtung die vorwiegende, sei es die auf energische Charakteristik oder auf den höchsten Ausdruck des Erhabenen, so findet sich hier jeder Zug des geistigen Lebens zu unvergleichlichem Ebenmaß, zur vollendeten Schönheit verbunden. Nachdem Rafael die Schule des Perugino durchgemacht, suchte er sich selbst im Drange nach höherer Entwicklung weitere Anregungen auf, und er fand sie in Florenz. Die Cartons Lionardo's und Michelangelo's rissen auch ihn zur Bewunderung und zum begeisterten Studium hin. Empfänglich für die Einflüsse der Werke der älteren florentinischen Schule, so wie die der Gegenwart, lag eben die Größe Rafaels in der Geisteskraft, mit der er diese Einflüsse zu verschmelzen und durch sie seine angeborne Begabung zu der Höhe eines selbständigen, ihm allein eigenen Styles zu entwickeln wußte. Zu den Werken seiner ersten Epoche gehört die Maria mit dem Kinde nebst dem heiligen Franziscus und Hieronymus, gegenwärtig im Besitz des Berliner Museums. Auf der Grenze dieser jugendlichen und der späteren Periode steht die berühmte Vermählung der Maria, in der Brera zu Mailand. Maria mit dem Kinde aus dem Hause Tempi, jetzt in der Pinakothek zu München, gehört der florentinischen Periode des Meisters an, so auch die Madonna, genannt la belle jardinière, jetzt im Louvre. Am Ausgang dieser Epoche steht die Madonna del Baldacchino in der Galerie Pitti zu Florenz.

Um die Mitte des Jahres 1508 erhielt Rafael einen Ruf an den Hof Julius II., um hier die Prachtgemächer des Vatican mit Gemälden zu schmücken, in welchen die geistige Macht des Papstthums seine Verherrlichung finden sollte. Drei Zimmer (stanze) des Vatican und ein großer Saal sind an Wänden und Gewölben mit diesen Werken bedeckt, die demnach den Namen der „Rafaelischen Stanzen" führen.

Im ersten Zimmer (Camera della Segnatura) ist die Summe der damaligen Vorstellungen des geistigen Schaffens dargestellt in der Theologie, Poesie, Philosophie und Jurisprudenz. Die Theologie ist in der sogenannten Disputa geschildert; die Philosophie in der Schule von Athen; das dritte Bild ist der Parnaß und an der vierten Wand ist die Jurisprudenz in drei Bildern dargestellt. Im zweiten Zimmer (Stanza d'Heliodoro) ist in gewaltiger dramatischer Steigerung Heliodors beabsichtigter Tempelraub, die Messe von Bolsena, die Befreiung Petri aus dem Gefängnisse und Attila's vereitelter Angriff auf Rom dargestellt. Im dritten Zimmer

III. Die Malerei der neuern Zeit. 133

(stanza dell' incendio) sieht man den Brand im Borgo, den Sieg bei Ostia, den Schwur Leo's III. und die Krönung Karls des Großen. In dem anstoßenden Saale endlich die gewaltige Darstellung der Constantinsschlacht, das großartigste Schlachtenbild der gesammten modernen Kunst.

Eine zweite umfassende Arbeit waren die Cartons zu **zehn Tapeten**, welche Rafael im Auftrage Leo's X. entwarf. Nach seiner Zeichnung wurden sie in Arras in Flandern gewebt und zur Wandbekleidung in der sixtinischen Kapelle bestimmt.

Von den Cartons befinden sich gegenwärtig noch sieben im Schloß **Hamptoncourt** bei London. Die Tapeten selbst bewahrt gegenwärtig die Galerie des Vatican; andere Exemplare im Museum zu **Berlin** und in der Galerie zu **Dresden**. Sie geben die bedeutendsten Momente der Apostelgeschichte in großartig dramatischen Zügen. Eine zweite Reihe Tapeten, nach kleineren Zeichnungen des Meisters ausgeführt, stellt unter andern den bethlehemitischen Kindermord dar.

Sodann leitete Rafael im Auftrage Leo's X. die Ausschmückung der Loggien in dem von Bramante begonnenen ersten Hofe des Vatican. In den Feldern der Wölbungen ließ er durch seine Schüler jene Reihe von Scenen aus dem alten Testamente, auch einige aus dem neuen ausführen, welche unter dem Namen der „Bibel Rafaels" bekannt sind.

Den Schritt in die Götterwelt der Alten that der unerschöpfliche Meister in den Fresken der **Farnesina**, wo er zuerst den **Triumph der Galatea** malte, und später in einer Halle derselben Villa durch seine Schüler die Geschichte der Psyche in köstlichen Bildern ausführen ließ.

Außer diesen umfangreichen Wandgemälden, den architektonischen Leistungen, dem Bau von S. Peter und den Forschungen im antiken Rom fand Rafael noch Zeit, eine Anzahl von Staffeleibildern, größeren Altargemälden und selbst Portraits auszuführen, unter diesen sein eigenes Bildniß.

Vor Allem sind die **Madonnen und heiligen Familien** zu nennen, in denen Rafael mit voller Seele sein Eigenstes gegeben hat. Etwa ein halbes Hundert Madonnen läßt sich von ihm nachweisen. Die Vierge au diadème (auch vierge au linge oder die

Madonna mit dem Schleier) ist jetzt im Museum zu Paris. Die Madonna bella Sedia in der Galerie Pitti zu Florenz. Die Madonna thronend als Himmelskönigin in der Galerie des Vatican. Die Madonna del Pesce im Museum zu Madrid. Die höchste Verklärung aber erreicht Rafael in der weltberühmten sixtinischen Madonna, die jetzt das gefeierte Hauptwerk der königlichen Galerie zu Dresden ist. Die höchste Bedeutung haben ferner noch zwei große Altarbilder. Das eine ist die Kreuztragung,

Fig. 71. Madonna della Sedia, von Rafael.

bekannt unter dem Namen lo Spasimo di Sicilia, weil es für das Kloster dello Spasimo zu Palermo gemalt war, jetzt im Museum zu Madrid. Das andere, das bei Rafaels Tode unvollendet blieb, die Verklärung Christi auf Tabor, auch die Transfiguration genannt, ist das kostbarste Juwel der Sammlung des Vatican. So hat Rafael in einem kurzen Leben von 37 Jahren alle geistigen Gebiete seiner Zeit durchmessen und erschöpft. Als er starb, schien seinen Zeitgenossen Rom verödet, die Malerei verwaist.

III. Die Malerei der neuern Zeit.

Der rafaelische Styl wurde bald Gemeingut der römischen Künstler, und so lange der Meister lebte, gab sein Geist ihnen die Inspiration zu ihren Werken. Nach seinem Tode aber verfielen die bedeutenderen bald einer gewissen Maßlosigkeit; zu diesen gehörte Giulio Romano; er hat den meisten Theil an der Ausführung der größeren Arbeiten des Meisters.

d. Correggio und seine Schule.

Im entschiedenen Gegensatze zu allen bisherigen Erscheinungen der Kunst, und doch in der Malerei einer der vorzüglichsten, erscheint Antonio Allegri da Correggio (1494—1534). Er ging aus der oberitalischen Schule hervor und erhielt durch Lionardo bedeutende Anregung. Was bei jenem großen Meister noch im Keim und in strenger Schranke als süße Anmuth hervortrat und in einem zarten Farbenschmelz seinen Ausdruck fand, das erhielt durch Correggio seine Ausbildung. Er gehört zu den frühreifsten Talenten. In seinen Werken geht er vornehmlich darauf aus, die Seite leicht erregten Empfindens, des innern Lebens zur Geltung zu bringen. Er taucht seine Gestalten in ein Meer von Jubel und Entzücken, erfüllt sie mit berauschender Lust und Wonne, und gibt selbst der Schmerzempfindung einen halb süßen, halb wehmüthigen Ausdruck. Er will Gestalten im lebhaften Ausdruck des Affekts voll innerer Erregung und in rastloser äußerer Bewegung.

Sein eigentliches Ausdrucksmittel ist das Licht, wie es in sanfter Mischung mit der Dämmerung, durchwebt mit zarten Reflexen und durchsichtigen Schatten als Hellbunkel die Gestalten umspielt. In der Durchführung dieses Hellbunkels mit seinen leisesten Abstufungen und Nuancen ist Correggio einer der ersten Meister der Malerei.

Sein frühestes Werk, aus dem zwanzigsten Lebensjahre des Künstlers stammend, ist das große Altarblatt der thronenden Madonna mit dem heiligen Franciscus und Antonius, Johannes dem Täufer und Katharina im Museum zu Dresden. Einige Jahre später führte der Meister höchst umfangreiche Fresken im Nonnenkloster S. Paolo zu Parma aus, sowie auch Altarapsis und Kuppelwölbung von S. Giovanni und die Kuppel des Domes daselbst. In diesen Werken machte er eine ausschweifende Anwenbung perspektivischer Verkürzungen, die den Ernst monumentaler Kunst beeinträchtigen.

Seine Vorliebe für die heitere, sinnliche Auffassung des Lebens bethätigte er sonderlich in den Gemälden aus der antiken Mythe; so Jupiter und Jo im Belvedere zu Wien und im Museum zu Berlin, Danae im Palazzo Borghese zu Rom, Leda im Bade im Museum zu Berlin.

Fig. 72. Madonna della Scodella.

Außerdem stammen viele vorzügliche Altarbilder aus dieser Epoche vollendeter Meisterschaft. Zunächst mehrere Werke im Museum zu Parma, darunter Madonna della Scodella. Das Gemälde des heil. Hieronymus, oder vielmehr die thronende Madonna mit dem heil. Hieronymus, einem schönen Engel und

III. Die Malerei der neuern Zeit. 137

der Magdalena, ist so erfüllt von zauberhafter Schönheit des Lichtes, daß man es auch als den „Tag" zu bezeichnen pflegt. Von ergreifendem Eindrucke ist auch die Kreuzabnahme.

Eine als Zingarella (Zigeunerin) bezeichnete „Ruhe auf der Flucht nach Egypten" befindet sich im Museum zu Neapel. Mehrere sehr bedeutende Werke besitzt die Galerie zu Dresden. So ein kleines überaus zart ausgeführtes Bildchen der hl. Magdalena. Eins der berühmtesten, auch daselbst befindlichen ist die hl. Nacht: die Geburt des Christkindes, das durch die herbeigeeilten Hirten und schöne Engel in den Lüften verehrt wird. In der Nationalgalerie zu London ist ein großartiges Ecce-Homo.

e. Die Venezianer.

Unberührter als die übrigen Schulen Italiens bleibt die Schule von Venedig von dem gemeinsamen Wechselverkehr, der unter den andern herrschte; daher schreitet die venezianische Malerei ungestört auf der von Giovanni Bellini betretenen Bahn weiter, die Farbe als erstes Element hervorhebend. Sie sucht das Schöne auf ihren eigenen Wegen und findet es in der Verklärung der einfachen Wirklichkeit, in dem Glanz und der Lust des Daseins, das damals gerade in der stolzen, reichen, meerbeherrschenden Lagunenstadt den Ausdruck höchster festlicher Pracht gewann. Den Abglanz dieser Herrlichkeit geben die Meisterwerke der Malerei, aber sie haben ihn zu ewiger Schönheit, zu idealer Hoheit verklärt. Ein besonderes Eigenthum dieser Schule ist die Schönheit des Colorits, ein eigener Schmelz der Carnation.

Der Hauptmeister Venedigs war Tiziano Vecellio (1477 bis 1576). Eines der frühesten Werke des Meisters ist der berühmte Christus mit dem Zinsgroschen in Dresden. Mit welcher Frische der Originalität der Meister die antiken Stoffe behandelt, zeigt das Bild der Diana und Kallisto, welches in mehrfacher Wiederholung vorhanden ist. Unter den dramatischen Darstellungen biblischer Gattung ist zunächst die Grablegung Christi im Louvre zu Paris. Ein anderes Meisterwerk ist Mariä Himmelfahrt in der Akademie zu Venedig. Das höchste Maaß leidenschaftlicher Erregung erreicht er in der großen Darstellung der Ermordung des Petrus Martyr in S. Giovanni e Paolo, kürzlich durch Brand zerstört.

138 Dritter Abschnitt. Die Malerei.

Fig. 73. Petrus Martyr von Tizian.

Lieber aber verweilt Tizian bei ruhigeren Andachtsbildern, so ein schönes Bild der Galerie zu Dresden, wo die Madonna huldvoll mit ihrem Kinde einer schüchternen jungen Frau sich zuwendet, welche ihr von Petrus empfohlen wird.

III. Die Malerei der neuern Zeit.

Der höchste Meister edel verklärter sinnlicher Schönheit mußte wohl mit besonderer Vorliebe zu der heiteren Fabelwelt des griechischen Olymps seine Zuflucht nehmen, da er hier mehr als anderswo Gelegenheit fand, den vollen Zauber menschlicher Schönheit zu schildern. Daher existiren außer der schon genannten Diana noch eine große Anzahl Darstellungen aus derselben, z. B. in den Uffizien zu Florenz eines der schönsten, die auf einem Ruhebette leicht hingegossene Venus, die von Amor bekränzt wird. Allegorische Darstellungen von Tizian sind: die himmlische und irdische Liebe im Palazzo Borghese zu Rom, die drei Menschenalter, die mehrfach wiederholt sind.

Daß unser Meister unter den Porträtmalern aller Zeiten eine der ersten Stellen einnehmen muß, kann man aus der Anlage und Richtung seiner Kunst schließen. Hier zu nennen: die maitresse de Titien im Louvre, herrliche Frauenbildnisse im Belvedere zu Wien und in der Galerie zu Dresden, Tizians Tochter im Museum zu Berlin.

Tizian wurde fast hundertjährig in Venedig von der Pest hingerafft.

Neben Tizian steht sein Zeitgenosse Giorgione als der eigentliche Gründer der neuen venezianischen Schule. Von ihm nennen wir eine thronende Maria mit dem Kinde in der Kirche seiner Vaterstadt Castelfranco. Ein romantisch-poetischer Zug waltet in manchen seiner Bilder, so Jacob und Rahel im Museum zu Dresden, und der Seesturm in der Akademie zu Venedig.

Sodann in selbständiger Weise die Richtung des Meisters verfolgend Jacopo Palma Vecchio. Sein herrlichstes Werk ist ein Altarbild in S. Maria Formosa, Maria mit dem Leichnam Christi und die heilige Barbara. Andere treffliche Meister dieser reichen Schule sind Moretto von Brescia, von dem man schöne Altarbilder in den Kirchen seiner Vaterstadt Brescia, sowie im Städelschen Museum zu Frankfurt und dem Museum zu Berlin sieht. Ferner der durch herrliches Colorit ausgezeichnete Pordenone und Paris Bordone.

Zwei Hauptmeister einer etwas späteren Epoche sind Jacopo Robusti (1512—1594), genannt Tintoretto und Paolo Veronese (1528—1588), wie er nach seiner Vaterstadt genannt wurde, eigentlich P. Caliari. Dieser tritt in Wahrheit das Erbe

Tizians an und hält mit großartiger Schöpferkraft und hoher Schönheit das Banner der venezianischen Kunst bis gegen das Ende des Jahrhunderts aufrecht.

Eine Reihe herrlicher Bilder aus Paolo's schönster Zeit enthält die Kirche S. Sebastiano zu Venedig, wo der Meister seine Ruhestätte fand. Vor allen verdient der Gang des heil. Sebastiano zum Richtplatz die erste Stelle. Ein überaus schönes Bild ist sodann die Anbetung der Könige im Museum zu Dresden. Am berühmtesten sind aber seine großen Gastmähler, zwei der ausgezeichnetsten im Louvre, besonders die Hochzeit zu Cana; ähnlich das Gastmahl des Levi in der Akademie zu Venedig.

Die Genremalerei wurde vertreten von Jacopo da Ponte, genannt Bassano, den man den Begründer derselben nennen kann.

3. Die nordische Malerei im 15. u. 16. Jahrhundert.

Wie in Italien war auch im Norden die Malerei die eigentliche Lieblingskunst dieser Epoche und gelangte hier vorzüglich in den Niederlanden und Deutschland zu überwiegender Geltung. Aber obwohl in ihr dasselbe Streben der Zeit sich ausspricht, äußert es sich doch in ganz anderer Weise und führt zu wesentlich verschiedenen Resultaten.

Der Beginn der modernen Malerei im Norden durch Hubert van Eyck ist so herrlich, so großartig und frei, wie in Italien in gleichem Maaße kaum bei Masaccio und Mantegna. Nicht bloß durch die Verbesserung der alten Erfindung der Oelmalerei und ihre vollkommen meisterhafte Anwendung und Ausbildung, sondern auch durch die Erhabenheit des Styles, der die alte ideale Hoheit mit der jugendlichen Frische eines entwickelten Natursinnes zu verschmelzen weiß, steht der Begründer der modernen Malerei des Nordens auf einer Höhe, die ihn jedem andern großen bahnbrechenden Genius ebenbürtig macht. Ja er geht einen Schritt weiter als die italienische Kunst; er führt seine Gestalten mitten in das lachende Leben hinein, erlöst sie vom Bann des Goldgrundes, und breitet die Herrlichkeit der ganzen Natur im prangenden Schimmer des Frühlings um sie aus.

Wenn nach solchen Anfängen die nordische Malerei in ihrer

weiteren Entwicklung; gleichwohl nicht die Höhe der italienischen erreichte, so war es zunächst von entschiedenem Einflusse, daß ihr durch die einseitige Entwicklung der Gothik keine große Wandflächen mehr zur Verfügung standen, ihr also die Möglichkeit monumentaler Entfaltung genommen war, und sie sich daher auf Miniatur- und Tafelmalerei beschränkt sah. Dazu that die Vorliebe für Holzschnitzdarstellungen in den Altarbildern noch der Wirksamkeit der Malerei Abbruch.

Ueberhaupt hatte das öffentliche Leben im Norden nicht jene freie edle Gestalt, welche es in den mächtigen Staaten Italiens durch feingebildete Aristokratie und modernes Fürstenthum erhielt. Die Kunst fand nicht solche Gönner noch solche Anerkennung, überall hatten die Meister mit Hindernissen zu kämpfen, und verloren ihre beste Zeit und Kraft in solchem Kampfe; dazu kam die große reformatorische Bewegung Luthers, die alle ernsteren Gemüther dermaßen ergriff, daß andere Interessen in den Hintergrund traten.

So ist es gekommen, daß die Malerei des Nordens an ewig gültigem höchsten Werth hinter der italienischen zurückgehalten wurde; dennoch hat sie ihre Vorzüge in der Innigkeit und Wärme der Empfindung, in der einfachen Wahrheit und Naivetät und einer unerschöpflichen Fülle individuellen Lebens.

Man könnte von der nordischen Kunst sagen, daß sie ein mehr volksthümliches Gepräge hat, während diejenige Italiens mehr aristokratisch erscheint.

a. Die niederländischen Schulen.

Das handelsmächtige Flandern sollte die Geburtsstätte der modernen Malerkunst im Norden werden. Unter günstigen Verhältnissen wurde derselben durch einen großen Meister ein gewaltiger Aufschwung gegeben und sie zu neuer staunenswerther Entwicklung fortgerissen. Hubert van Eyck (1366—1426) war aus einer alten Malerfamilie hervorgegangen; seine näheren Lebensumstände sind nicht bekannt; aber in unzweifelhafter Gewißheit glänzen seine Verdienste als Begründer einer neuen Weise. Dem Inhalte nach schließt er sich an die symbolische Kunstweise des Mittelalters, aber zugleich greift er mit kühnem Muthe ins wirkliche Leben, verlegt seine heiligen Vorgänge mitten in die Umgebung einer frühlingsfrischen Natur, prägt in den Physiognomien und Trachten der heiligen Gestalten, in der baulichen Umgebung und dem Geräth treu und scharf die

Fig. 74. Die Einsiedler aus dem Genter Altar Huberts van Eyck.

Zustände seiner Zeit und seines Vaterlandes aus. Für diese neuen Bedürfnisse erfindet er neue Vortheile in der Bereitung und Anwendung des Oeles als Bindemittel, wodurch nun eine vorher nicht gekannte Leuchtkraft und Tiefe, eine unvergleichlich feine Verschmelzung des Colorits ermöglicht wurde. Ein trefflicher Firniß kam hinzu, den Farben eine Frische und einen Glanz zu geben, daß die Bilder durch den vollendeten Schein der Wirklichkeit alle Zeitgenossen auf's Höchste überraschten.

Sein Hauptwerk ist die berühmte Anbetung des Lammes, welches er für eine Kapelle von S. Bavo in Gent malte. Die Haupttafeln dieses großen Altarbildes finden sich noch an der ursprünglichen Stelle, während sechs der schönsten Seitenflügel in das Museum zu Berlin gekommen sind.

Der Hauptschüler Huberts ist sein Bruder Johann. Auf ihn scheint sich der ganze Ruhm seines Bruders vererbt zu haben, dessen Styl er im Ganzen feiner ausbildet, doch bewegt er sich lieber in kleineren Dimensionen. Die Galerie zu Dresden bewahrt in einem Madonnenbilde eins seiner köstlichsten Werke. Andere Altartafeln mit der thronenden Madonna im Louvre, in der Akademie zu Brügge, im Städelschen Institut zu Frankfurt. Meisterhafte Porträts in der Nationalgalerie zu London, der Akademie zu Brügge, dem Belvedere zu Wien.

Auch eine Schwester dieser beiden Meister, Margaretha, hat als Malerin gewirkt. Die von den van Eyck's begründete Weise der Darstellung übte einen unwiderstehlichen Einfluß auf alle Zeitgenossen, und in Flandern zunächst schloß sich eine große Anzahl von Künstlern ihr an; unter diesen Rogier van der Weyde in Brüssel. Eins seiner berühmtesten Bilder war der sogenannte Reisealtar Karls V., Bilder aus dem Leben des Herrn darstellend, gegenwärtig im Museum zu Berlin, wo noch zwei andre Altarwerke von ihm sich befinden. Aehnliche oft miniaturhaft ausgeführte Altarbilder in der Pinakothek zu München, dem Städelschen Institut zu Frankfurt, dem Hospital zu Beaune in Burgund.

An Rogier schließt sich wahrscheinlich als sein Schüler Hans Memling (bis 1495), einer der begabtesten und liebenswürdigsten Meister seiner Zeit. Von allen Werken, die man ihm zuschreibt, erscheint als das frühste das jüngste Gericht in der Marienkirche zu Danzig. Aus späterer Zeit ist der berühmte Ursulakasten im Johanneshospital zu Brügge, eine der anmuthigsten Heiligenlegenden in zierlicher Miniaturarbeit ausgeführt und voll zarter feiner

Empfindung. Auch das große Flügelwerk im Dom zu Lübeck, Scenen aus der Passionsgeschichte bis zur Kreuzigung darstellend, wird diesem Meister zugeschrieben. Ferner ausgezeichnete Bilder

Fig. 75. Vom Ursulakasten Memlings.

von ihm in der Pinakothek zu München und der Galerie zu Turin.

Im Anfang des 16. Jahrhunderts zeichnet sich noch aus der

III. Die Malerei der neuern Zeit. 145

edle idealistische Quintin Messys (bis 1531); er schuf als Hauptbild die Kreuzabnahme, jetzt in der Akademie zu Antwerpen. Mild und anmuthig ist von ihm eine Madonna, welche ihr Kind küßt, im Museum zu Berlin. Eine Genredarstellung, „die beiden Geizhälse", befindet sich im Original in Windsorcastle.

b. Die deutschen Schulen des 15. u. 16. Jahrhunderts.

Der große Erfolg der von den van Eycks angebahnten Darstellungsweise bewährte sich unmittelbar am ersten in den benachbarten Gegenden des Niederrheins, ungleich bedeutender, selbständiger und freier aber in dem oberen und mittleren Deutschland.

Die schwäbische Schule.

Zur schwäbischen Schule gehört vor andern Martin Schongauer (1420—1499, Martin Schön), welcher auch als Kupferstecher bedeutend war und dessen Hauptbilder man in der Martinskirche und dem Museum zu Colmar sieht. Ferner Bartholomäus Zeitblom von Ulm. Ein Tafelbild von ihm, zwei Engel mit dem Schweißtuch der Veronika, befindet sich im Museum zu Berlin. Seine Hauptwerke im Museum zu Stuttgart.

Neben Ulm war die alte Stadt Augsburg der zweite Mittelpunkt der schwäbischen Kunst. Hier tritt zuerst die Malerfamilie Holbein in mehreren Generationen uns entgegen. In der zweiten Hälfte des Jahrhunderts beginnt sie mit dem trefflichen Meister Hans Holbein d. ä., dessen Hauptbilder man im Museum zu Augsburg und in der Pinakothek zu München sieht. Er war der Vater des berühmten späteren Meisters Hans Holbein des Jüngeren (1498 oder 95(?)—1543). Dieser Künstler, geboren zu Augsburg, verlebte die späteren Jahre in Basel und England, wo er an der Pest starb. Wie er eins der frühreifsten Talente der Kunstgeschichte ist, und schon mit 14 Jahren als tüchtiger Maler auftritt, gehört er zu den wenigen Malern des Nordens, die entschiedene Einflüsse italienischer Kunst in sich aufgenommen und in vollkommener Selbständigkeit verarbeitet haben.

Unter den nordischen Malern jener Zeit ist er der einzige, selbst

Dürer nicht ausgenommen, der zu einem vollkommen freien großartigen Style durchbrang, sich von den kleinlichen Geschmacklosigkeiten seiner Umgebung befreite, und die menschliche Gestalt in ihrer ganzen Wahrheit und Schönheit erfaßte. Seine Bildnisse standen an Freiheit, Naturwahrheit, an Frische und Geist in Deutschland damals einzig da. Während sich in der Galerie zu Augsburg

Fig. 76. Christus am Kreuz. Von Martin Schön.

die frühesten Bilder seiner Hand befinden, ist die zu Basel im Besitz vorzüglicher Arbeiten aus seiner mittleren Zeit, z. B. die acht Bilder der Passion, die ihn als einen der ersten Meister religiöser Historienmalerei bekunden. Hat hier der Künstler die Energie leidenschaftlich bewegter Handlung unübertrefflich geschildert, so steht er mit einem anderen berühmten Werke, der Madonna des Bürgermeisters Meier von Basel (jetzt im Besitz der Prinzessin Elisabeth

III. Die Malerei der neuern Zeit. 147

Fig. 77. Die Madonna des Bürgermeisters Meier, von Holbein. Dresden.

zu Darmstadt, und eine eigenhändige Wiederholung in der Galerie zu Dresden), auch in dem einfachen Andachtsbilde als einer der Ersten da. Nicht minder vorzüglich die kürzlich zu Tage gekommene Madonna vom Jahr 1522, welche zu Solothurn im Privatbesitz sich befindet.

Seit seiner Uebersiedelung nach England, wo eine Menge glänzender Aufträge sowohl von König Heinrich VIII., wie von den Großen des Reichs an ihn ergingen, widmete sich Holbein fast ausschließlich der Porträtmalerei. Meisterhafte Porträts von ihm sieht man in den Galerien zu Basel, Wien, Berlin, Dresden und Paris.

Noch haben wir aus der ersten Zeit in Basel eines eigenthümlichen Cyklus zu erwähnen, des Todtentanzes, einer energisch volksthümlichen Darstellung voll Humor und Poesie. Er bediente sich hier des Holzschnittes.

Die fränkische Schule.

Der schwäbischen Schule zur Seite steht die fränkische Schule, deren Hauptort Nürnberg war. Eine auffallend scharfe Formbezeichnung ist neben einem oft ins Einseitige und Häßliche gehenden Streben nach Charakteristik Merkmal dieser Schule. In keinem Meister prägen sich diese Eigenschaften so scharf aus wie in Michael Wohlgemuth. Es war ein verhängnißvolles Schicksal für die Entwicklung der deutschen Kunst, daß gerade aus dieser Schule und von diesem Lehrmeister der Genius ausgehen sollte, der an Tiefe der Begabung, an schöpferischer Fülle der Phantasie wie an sittlicher Energie der erste unter allen deutschen Meistern war. Albrecht Dürer (1471—1528) braucht, was angeborne künstlerische Begabung betrifft, den Vergleich mit keinem Meister der Welt zu scheuen. Gleichwohl liegt er bei Allem, was das eigentliche Ausdrucksmittel der Kunst betrifft, so tief in den Banden seiner beschränkten heimischen Umgebung, daß er nur selten durchdringt zur wahren Schönheit und Vollendung. Dürer ist mit Recht die Liebe und der Stolz der deutschen Nation; aber wir dürfen nicht vergessen, daß er, wie er der höchste Ausdruck unserer Vorzüge, so auch der Repräsentant unserer Schwächen und Mängel ist.

Von Geburt war Dürer ein Nürnberger; er wurde Schüler Wohlgemuths, durchwanderte darauf Süddeutschland und die Niederlande und lebte später in seiner Vaterstadt, doch besuchte er in

III. Die Malerei der neuern Zeit. 149

Fig. 78. Ritter, Tod und Teufel. Von Dürer.

längerem Aufenthalt Venedig und später die Niederlande. Dürer war nicht nur groß als Maler, sondern auch als Baumeister, Kupferstecher, Holzschneider und führte treffliche Schnitzwerke aus.

Unter seinen Gemälden, die sich durch liebevollste Ausführung

auszeichnen, sind die wichtigsten: die Anbetung der Könige in den
Uffizien zu Florenz, das leider arg verdorbene Rosenkranzfest
im Kloster Strahof zu Prag, die Marter der 10,000 Heiligen
und die großartige Darstellung der Anbetung der Dreifaltigkeit,
beide im Belvedere zu Wien, sodann das berühmte Meisterwerk,
die vier Kirchenstützen Johannes und Petrus, Paulus und Markus,
auch „die vier Temperamente" genannt, in der Pinakothek zu
München. In dieser Sammlung sieht man auch sein wunderbar
vollendetes Selbstporträt, sowie die Bildnisse seines Vaters und
seines Lehrers Wohlgemuth. Zu seinen vorzüglichsten Werken ge=
hört noch das Porträt des Hieronymus Holzschuher, im Besitz der
Familie zu Nürnberg.

Die Großartigkeit seiner Erfindungsgabe lernt man aber erst
in den zahlreichen von ihm selbst mit hoher Meisterschaft ausge=
führten Kupferstichen und den nach seinen Zeichnungen ausge=
führten Holzschnitten kennen. Von den Kupferstichen nennen wir
die sechzehn Blätter der Passion, die Melancholie, die poetischen
Darstellungen des h. Hieronymus und Eustachius, besonders
aber Ritter, Tod und Teufel. Von den Holzschnitten die 16
Blätter der Offenbarung Johannis, darunter die berühmten
apokalyptischen Reiter, dann das Leben der Maria und die
große und kleine Passion.

Sächsische Schule.

Unter den Nachfolgern Dürers zeichnet sich ein Meister vor=
nehmlich aus, der die Einflüsse der fränkischen Schule nach Sachsen
übertrug und dort während eines langen Lebens an der Spitze
einer handfertigen Schule thätig war. Lucas Cranach (L. Sun=
ber; 1472—1558), Hofmaler des Kurfürsten Friedrich des Weisen
von Sachsen, sowie seiner beiden nächsten Nachfolger. Ohne sich
zu Dürers Erhabenheit emporzuschwingen, zeigt dieser Maler in
seinen großen Tafelbildern kirchlichen Inhalts Kraft, Würde und
Freimüthigkeit, in anderen Bildern kindliche Anmuth und schalkhafte
Heiterkeit. Die unzähligen Bilder, die unter seinem Namen laufen,
sind in der Ausführung sehr verschieden, da er massenhaft mit seinen
Gesellen auf Bestellung arbeitete. Mehrere anmuthige Madonnen

von ihm haben ganz das sinnige freundliche Wesen deutscher Hausfrauen. Ueberall begegnen wir deutschem Typus.

Von seinen Altarbildern sind die wichtigsten das große Werk in der Kirche zu Schneeberg: Kreuzigung, Abendmahl, Auferstehung der Todten und das jüngste Gericht. Das Bild in der Stadtkirche zu Wittenberg, welches die Kultushandlungen der protestantischen Kirche mit steter Beziehung auf die Reformation vorführt, und das Altarbild der Stadtkirche zu Weimar, Christus am Kreuze und zugleich daneben als Ueberwinder der Hölle dargestellt, auf der Seite Luther und sein Freund L. Cranach. Außer solchen religiösen Bildern schuf er eine große Anzahl von Darstellungen, in welchen er sein Studium des nackten Körpers zur Geltung zu bringen suchte, z. B. Venus und Amor.

Nach diesem Meister fällt die sächsische Schule bald wieder in Dunkelheit.

Die Glasmalerei, die schon im zehnten Jahrhundert in den Klöstern Süddeutschlands gepflegt wurde, erreicht mit dem Ende des 15. Jahrhunderts und dem Anfang des 16. die höchste Stufe technischer Vollkommenheit in der Farbenpracht, wie in der Fertigkeit, ganze gemalte Scheiben auszuführen. Die vorzüglichsten Werke dieser Gattung findet man namentlich in der Schweiz.

Weder in Spanien noch in Frankreich tritt die Malerei in dieser Epoche zu selbständiger Bedeutung hervor, wenn auch einzelne ganz tüchtige Maler genannt werden.

4. Die Malerei des 17. u. 18. Jahrhunderts.

Dieselbe Zeitrichtung, welche die Sculptur zu Abwegen und Entartung fortriß, brachte im Laufe des 17. Jahrhunderts die Malerei noch einmal zu einem wundersamen Aufschwung, ja zu einer neuen ganz eigenthümlichen Blüthe. Die Malerei dieser Epoche ist eine der merkwürdigsten und glänzendsten Erscheinungen der Kulturgeschichte, indem ihr Anschauungskreis sich mit dem Gebiete ihrer Ausdehnung erweiterte. Während in den katholischen Ländern die kirchlichen Stoffe noch einmal neue Anregung geben, hat der Protestantismus den alten Bann der Ueberlieferung gesprengt und das wirkliche Leben ergriffen bis zu den alltäglichsten Vorgängen.

Demnach sondert sich nunmehr die Historienmalerei ab, und neben
ihr treten das Genre, die Landschaft, das Thierstück und Stillleben
auf. Ganz neue Formen und Weisen der Darstellung erfolgen,
neue Ergebnisse für die Technik, vor allem für die Entwicklung des
Colorits werden gewonnen. Der gemeinsame Grundzug aller dieser
Malerei ist der **Naturalismus**.

a. Italienische Malerei.

In Italien nimmt die Kirche auch in diesem Zeitraum den
Dienst der Kunst in Anspruch. Aber die Tendenz ist eine durchaus
neue; die Rückwirkung der Reformation ist unverkennbar, es ergibt
sich eine Vereinigung der Kirche mit dem Naturalismus.

Die Familie **Caracci** (Lodovico C. und seine beiden Neffen)
steht an der Spitze der neuen Richtung, die zunächst von Bologna
ausgeht. Sie studirten die großen Meister der vergangenen Epoche,
und suchten die Vorzüge der verschiedenen Schulen zu verbinden,
weßhalb man sie „Eklektiker" nennt. Eine treffliche Darstellung
des heil. Rochus, der Almosen austheilt, von Annibale Caracci
befindet sich in der Galerie von Dresden. Einer der bedeutendsten Schüler der Caracci ist **Domenichino**, wenngleich nicht
durch große Kraft der Phantasie, doch durch einen freien glücklichen
Natursinn und eine überaus gediegene Technik den meisten seiner
Zeitgenossen überlegen. Manche zum Theil sehr bedeutende Fresken
stammen von seiner Hand, so die großartigen Gestalten der Evan-
gelisten, an den Zwickeln der Kuppel von S. Andrea della Valle
zu Rom; das Leben der heil. Cäcilie in S. Luigi de' Francesi
daselbst. Von seinen Tafelbildern gehört die Communion des heil.
Hieronymus in der Galerie des Vaticans zu den bedeutendsten.

Einer der glänzendsten Meister der Zeit ist sodann **Guido
Reni** (1575—1642), ein überaus fruchtbarer Künstler; ein treff-
liches Bild der heiligen Einsiedler Paulus und Antonius befindet
sich von ihm im Museum zu Berlin. Bekannt ist auch sein Ecce-
Homo. Eines der vollendetsten Freskogemälde schuf er in der
Aurora des Pal. Rospigliosi zu Rom. Endlich gehört auch
Carlo Dolci hierher: in manchen seiner Gemälde herrscht aber
eine affectirte Sentimentalität.

III. Die Malerei der neuern Zeit. 153

Energischer, rücksichtsloser kommt das Wesen der Naturalisten jener Zeit zu Tage in Michelangelo Amerighi, nach seinem Geburtsorte Caravaggio genannt. Am glücklichsten ist er in der Darstellung des Vagabundengesindels jener Zeit, z. B. „die falschen Spieler"; ein Exemplar existirt in der Galerie zu Dresden.

Fig. 79. Magdalena, von Guido Reni.

b. Spanische Malerei.

Spanien erlebte erst in dieser Epoche die Blüthe seiner Malerei, die sich hier in dem Lande des Katholicismus, der Inquisition und der Leidenschaften wieder eigenthümlich ausbildet.

Die größte Bedeutung concentrirte sich in der Schule von Sevilla. Einer der Hauptmeister derselben ist Don Diego Velazquez de Silva (1599—1660). Mehrere Reisen nach Italien wurden für seine Kunst entscheidend; seine Stellung als Hofmaler Philipps IV. war ihm günstig; er wurde vorwiegend als Porträtmaler in Anspruch genommen, und seine Leistungen in dieser Beziehung sind ausgezeichnet, z. B. ein Reiterbildniß Philipps IV. in der Galerie zu Madrid.

Auch der andere große Meister der Schule von Sevilla, Bartolome Esteban Murillo (1618—1682), steht frei über dem beschränkten Standpunkt der meisten spanischen Maler und überragt

Fig. 80. Der h. Johannes, von Murillo.

an Vielseitigkeit und Tiefe sowohl Velazquez, wie jeden andern seiner Landsleute. Murillo geht von der Auffassung des niederen Lebens aus; einige Bilder dieser Art, spanische Betteljungen darstellend, sind in der Pinakothek zu München. Mehrere Madonnen dieses Meisters, z. B. in der Galerie zu Dresden, zeigen noch

vorwiegend diese Art der Auffassung. Erst wo er die Madonna
selbst im Affect schwärmerischer Verzückung geben kann, in jenen
wunderbaren Bildern, wo sie von Himmelslicht umfluthet, von
weiten Gewändern umflossen, auf Wolken stehend, emporgetragen
wird, und ihr sehnsüchtiger Blick dem Körper voraus himmelan
strebt, erreicht Murillo einen Ausdruck religiöser Schwärmerei, wie
ihn glühender, hinreißender die Malerei nie geschaffen. Die Sammlung des Louvre besitzt eine solche Madonna. In der Galerie zu
Berlin ist ein Bild des heil. Antonius mit dem Christkinde; in
der Galerie zu Madrid der heil. Johannes mit dem Lamm.

c. Niederländische Malerei.

Reicher und vielseitiger als selbst in Italien und Spanien
entfaltete sich die Malerei dieser Epoche in den Niederlanden; vornehmlich gilt dies von der Schule von Brabant (Flandrische Schule);
sie schöpft ihre kirchlichen Inspirationen aus dem wiederbelebten
Katholicismus, gibt sich aber dabei, gleich Italien und Spanien,
einer naturalistischen Darstellungsweise hin. Der Hauptmeister und
Gründer der Schule ist Peter Paul Rubens (1577—1640),
eine der glänzendsten, begabtesten und vielseitigsten Erscheinungen
der Kunstgeschichte. Mit 23 Jahren ging er nach Italien, wo er
sich durch das Studium Tizians und Veroneses ausbildete; daher
tönt auch in seinen früheren Bildern ein deutlicher Nachklang der
großen Venezianer durch; bald aber hatte seine eigene mächtige
Künstlernatur sich losgerungen und schuf nun selbständig einen Styl
von hoher Freiheit und dramatischer Gewalt. Leidenschaftliche Bewegung, kühne Thatenlust, tiefe mächtige Empfindung sind die Elemente seiner Kunst. Eine Menge von meist großen, figurenreichen
chen Bildern, darunter Arbeiten von kolossalen Dimensionen, begegnen uns in den Kirchen und Galerien seines Vaterlandes und
in fast allen Museen Europas. Wir nennen die Aufrichtung des
Kreuzes und die Kreuzabnahme im Dom zu Antwerpen, die
großen Altarbilder im Belvedere zu Wien, das kolossale jüngste
Gericht in der Pinakothek zu München, die Kreuzigung Petri in
der Peterskirche, die allegorischen Bilder aus dem Leben der
Maria von Medici im Louvre, den Liebesgarten im Museum zu
Madrid, die Amazonenschlacht in der Pinakothek zu München.

156 Dritter Abschnitt. Die Malerei.

Neben aller künstlerischen Thätigkeit war Rubens ein Mann des großen vornehmen Lebens, gewandt im Umgange mit Fürsten und Diplomaten, ja sogar selbst mehrfach mit politischen Missionen an auswärtige Höfe betraut.

Fig. 81. Auferweckung des Lazarus, von Rubens.

Unter seinen Schülern nimmt Anton van Dyck (1599—1641) die erste Stelle ein. Eine Dornenkrönung Christi im Museum zu Berlin zeugt noch von der energischen Weise seines Meisters, während ein Bild derselben Sammlung, die Trauer um den Leichnam Christi, das Studium der venezianischen Meister bekundet. Eine feinere Sensibilität läßt diesen Künstler in seinen religiösen Bildern solche Darstellungen des tiefsten Seelenschmerzes mit Vorliebe behandeln.

Die größte Bedeutung erlangte van Dyck als Porträtmaler, sonderlich am Hofe Karls I. von England. Hier hatte er Gelegenheit, die Fürsten und Prälaten der glänzenden Aristokratie seiner Zeit zu vereinigen. Zu den berühmtesten gehören die Kinder Karls I. in der Galerie zu Dresden, das Reiterbild Karls V.

Fig. 82. Die Kinder Karls I. von van Dyck.

in der Tribuna der Uffizien zu Florenz, sowie die herrlichen Bildnisse des Louvre.

Eine wesentlich verschiedene Richtung nahm die Schule von Holland. Hier hatte sich ein neues Staatsleben auf durchaus bürgerlicher Grundlage entwickelt und in politischer wie religiöser Freiheit die Gewähr einer tüchtigen, kräftigen Existenz gefunden. Zu den vorzüglichsten Meistern gehört Bartholomäus van der Helst, dessen Hauptwerk, das Gastmahl der Amsterdamer Bürger=

wehr zur Feier des westphälischen Friedens, im Museum zu Amsterdam sich befindet. Der Hauptmeister dieser Schule ist Rembrandt van Ryn (1606—1669). Es gibt aus seiner früheren

Fig. 83. Die Auferweckung des Lazarus, von Rembrandt.

Zeit mehrere Porträts, in welchen er sich einer einfachen Darstellung der Natur mit überlegenem Talente widmete. So vom Jahr 1632 im Haager Museum das berühmte Bild des Anatomen Tulp, der vor seinen Zuhörern einen Leichnam secirt. Später genügte ihm diese ruhige objective Darstellungsweise nicht mehr, eine tief innerlich verhaltene Gluth riß ihn zu einer neuen Auffassung hin. Eine wunderbare Ausbildung des Hellbunkels, ein keckes verwegenes Spiel mit phantastischen grellen Lichteffecten beherrscht alle seine späteren Werke.

Trotz des Mangels einer edleren Form, eines höheren Ausdrucks reißen seine Gemälde durch einen fast dämonischen Zauber, durch eine geheimnißvolle poetische Gewalt den Beschauer mit sich fort. Zu seinen Darstellungen aus dem neuen Testamente, die er größtentheils in eigenhändigen Radirungen von höchster Meisterschaft herausgab, gehört die Rückkehr des verlornen Sohnes, Christus bei den Jüngern zu Emmaus, die Auferweckung des Lazarus. Unter seinen andern Werken ist die Darstellung Simsons, der seinen Schwiegervater bedroht, mächtig ergreifend, jetzt im Museum zu Berlin. Sodann gehört die berühmte Nachtwache im Museum zu Amsterdam zu seinen meisterhaften Werken, während ein merkwürdiges Bild in der Galerie zu Dresden, das als Gastmahl des Ahasverus, oder Simson bei den Philistern erklärt wird, eine völlig zauberhafte, poetische Anziehungskraft ausübt. Endlich gibt es mehrere Landschaften von diesem großen Künstler, und sein eigenes Porträt mit dem seiner Frau.

Bei den Schülern und Nachahmern Rembrandts bekommt das Spiel mit Lichteffecten und sein durchgeführtem Hellbunkel einen mehr äußerlichen Charakter. Doch sind als begabte Nachfolger zu nennen: Gerbrand van den Eeckhout und Govart Flinck.

Die eigentlichen Begründer und Vollender des modernen Genrebildes sind die niederländischen Meister. Noch im Ausgange des 16. Jahrhunderts war es vornehmlich Peter Breughel, der Bauernbreughel genannt, welcher mit Behagen und derber Laune Schilderungen des bäuerischen Lebens vorführte. In seinem Sohne, mit dem Beinamen „Höllenbreughel", bricht die phantastische Richtung der Zeit mit großer Energie hervor und läßt allerlei Spukgeschichten bei nächtlicher Feuerbeleuchtung in Scene setzen. In verwandter Weise bewegte sich auch David Teniers. Am anziehendsten erscheint er in solchen Bildern, wo er kleine Gruppen beim Spiel oder in anderen verwandten Situationen vorführt. Ein deutscher Künstler, Adrian Ostade aus Lübeck, der seiner künstlerischen Bildung nach zur holländischen Schule gehört, schildert das Bauernleben mehr in ruhigem Zustande; seine Gemälde athmen nicht den kecken Humor und die frische Lebenslust der Teniers'schen Bilder, aber sie wissen durch die sorgfältige Ausführung, den warmen kräftigen Ton, das vorzügliche Hellbunkel zu fesseln.

Das höhere Genre ist zunächst durch einen der ausgezeichnetsten Meister, Gerhard Terburg, vertreten; an seiner Seite steht Gerhard Dow. Die Galerie zu Dresden ist reich an vorzüglichen Bildern dieser holländischen Meister.

Fig. 84. Genrebild von Teniers.

d. Die deutsche Malerei

war am Ende des vorigen Zeitraumes herabgesunken zu einer manierirten Nachahmung der Italiener. Im 17. und 18. Jahrhundert jedoch rafft sie sich wieder empor zu einiger Selbständigkeit. Erwähnung verdienen Joachim von Sandrart, bekannt als Geschichts- und Bildnißmaler. Die Baseler Künstlerfamilie Merian, der Augsburger Rugendas, bekannt durch seine Schlachtenbilder.

III. Die Malerei der neuern Zeit.

Der Lübecker Gottfried Kneller und Balthasar Denner, die beiden letzteren besonders Bildnißmaler.

Gehörten die bisher genannten Künstler dem 17. Jahrhundert an, so treten auch im 18. Jahrhundert einzelne namhafte Maler auf, die den Uebergang zum Bessern kennzeichnen; so der in der französischen Schule gebildete Maler Tischbein der ältere. Eine neue durch Winckelmann's Auftreten und Wirken herbeigeführte Rückkehr zur idealen Auffassung bahnte Rafael Mengs an (1728 bis 1779), kursächsischer Hofmaler. Unter den Porträtmalern dieser Zeit ist neben Anton Graff noch die anziehende Angelica Kauffmann (1742—1808) zu nennen.

e. Die französische Malerei

dieses Zeitraums war auch zu wenig auf nationale Basis begründet; doch treten einige bedeutende Talente auf, die sich in manchen Werken über ihre Zeit hinaus Geltung verschafft haben. In erster Linie steht Nicolas Poussin (1594—1665), der in seinen historischen Compositionen wohl einen antikisirenden Styl entwickelt, welcher allerdings auf würdiger und großer Auffassung beruht, aber in ähnlicher Weise, wie die französischen gleichzeitigen Tragödien, eine gewisse Kälte der Reflexion verräth. Sehr bedeutend sind seine edel stylisirten Landschaften.

Eustache le Sueur ist bemerkenswerth durch seine innig empfundenen Scenen aus dem Mönchsleben. Charles Lebrün (1619—1690) riß bei großer Begabung doch die Kunst in ein falsches theatralisches Pathos hinab und führte durch seinen mächtigen Einfluß den Verfall der Malerei herbei.

Als Genremaler dieser Epoche ist sonderlich zu nennen Jacques Callot, vornehmlich bekannt durch seine Kupferstiche; er behandelt die mannigfaltigsten Gegenstände mit Schärfe und Humor und hat namentlich das wilde Kriegsleben seiner Zeit geschildert.

f. Die englische Malerei.

England, das niemals vorher eine eigene Malerschule besessen hatte, und dessen mächtige Aristokratie fast nur das Porträt förderte und die großen Künstler des Continents dafür an seinen Hof zog, hatte im 17. Jahrhundert eine Schule von Porträtmalern. In der letzten Hälfte des 18. Jahrhunderts ließ ein einfacher Privatmann, John Boydell, von den besten damaligen Künstlern Englands Darstellungen nach den Dichtungen des größten Dramatikers der neuen Zeit ausführen und diese in dem Prachtwerke der Shakespeare-Galerie vereinigen. Dies großartige Unternehmen gab den ersten Anstoß zum Aufschwung des nationalen Kunstgeistes. Zugleich legte Josua Reynolds den Grund zu der glänzenden Ausbildung des Colorits, welche das Hauptverdienst der modernen englischen Schule geworden ist; und Benjamin West gab durch seine lebendig und geistreich behandelten Schlachtenbilder der historischen Darstellung einen neuen frischen Impuls.

Erst das 18. Jahrhundert bringt einen Genremeister ersten Ranges, William Hogarth (1697—1764) hervor, der mit schneidender Satyre und bitterer Ironie die Kehrseite der menschlichen Verhältnisse hervorzieht und die hinter der äußeren Glätte des fashionablen Lebens schlummernde Falschheit und Lüge, ihre Thorheiten und Laster mit scharfem Spotte geißelt. In geistreich lebendiger Pinselführung wirft er solche Scenen, wie z. B. die Mariage à la Mode keck und leicht hin, und eine ähnliche Behandlung zeichnet seine zahlreichen Radirungen aus.

Landschaften, Thierstücke, Blumenstücke und Stillleben kommen fortan selbständig zur Geltung und sind in den verschiedenen Ländern durch tüchtige Meister vertreten. In Frankreich führt Claude Lorrain in die Geheimnisse des Naturlebens ein, während Salvator Rosa, ein Italiener, meist in leidenschaftlicher Auffassung gewaltige schauerliche Naturscenen malt, und der Niederländer Jakob Ruisdael in seltener Treue die Natur seiner Heimath wiedergibt. Albert van Everdingen, ein niederländischer Maler, sucht den Stoff für seine Bilder vornehmlich in den Gebirgsgegenden Norwegens und Philipp Wouverman weiß vortrefflich die vornehme Welt seiner Zeit im fröhlichen Jagdgetümmel und in kriegerischen Begebenheiten zu schildern. Andere Meister ergehen sich in Compositionen idyllischen

III. Die Malerei der neuern Zeit. 163

Charakters, so unter andern Joh. Heinrich Roos und sein Sohn Philipp, bekannt unter dem Namen Rosa di Tivoli. Paul Potter stellt besonders das nordische Hirtenleben seiner Heimath dar.

In der Blumenmalerei sind de Heem, die talentvolle Rachel Ruysch (1664—1750) und Johann van Huysum zu nennen.

5. Die Malerei des 19. Jahrhunderts.

Obwohl die Malerei der klassischen Anschauungsweise ungleich ferner steht, als die Sculptur, beginnt doch auch für sie der Umschwung mit dem Zurückgehen auf die antike Kunst. Asmus Carstens (1754—1798) gab dieser neuen Strömung zuerst in seinen einfachen edlen Gemälden und Zeichnungen einen bedeutsamen Ausdruck und die ihm nachfolgenden Meister Eberhard Wächter und Gottlieb Schick schloßen sich diesem Streben mit Eifer an. Vornehmlich aber theilten die tiefeingreifenden Bestrebungen der Romantik der Malerei dieses Jahrhunderts einen neuen Impuls mit; sie eröffneten den Blick für die Bedeutung des nationalen Lebens und erschlossen die Perspective in eine reiche Vergangenheit, die zuerst im verschönernden Licht der Poesie sich unvergleichlich herrlich darstellte.

Getränkt mit diesen jugendlichen begeisterten Anschauungen fanden sich zur Zeit jenes wichtigen Umschwunges einige begabte Künstler in Rom zusammen, die in gemeinsamen Studien auf gleichartiger Basis sich gegenseitig zu fördern suchten. Es waren Peter Cornelius aus Düsseldorf, Friedrich Overbeck aus Lübeck, Philipp Veit aus Frankfurt und Wilhelm Schadow aus Berlin. Durch dieselbe nationale Gesinnung verbunden, studirten sie die Fresken aus der Glanzepoche der italienischen Kunst. Die Gelegenheit zur Verwirklichung ihres Strebens fand sich in der Wohnung des preußischen Konsuls auf dem Monte Pincio, in welcher sie die Geschichte Josephs in Freskengemälden darstellten. Kurze Zeit hierauf folgte ein zweiter Cyklus aus Dante's göttlicher Komödie, Ariost's wüthendem Roland und Tasso's befreitem Jerusalem, ausgeführt in der Villa Massimi. Mit diesen beiden Schöpfungen, unter denen einige von unvergänglichem Werthe sind, beginnt die Geschichte der neuen deutschen Kunst. Bald darauf wurden durch die Heimkehr der einzelnen Meister nach Deutschland die Keime dieses neuen Lebens in den vaterländischen Boden verpflanzt, wo sie in mannigfacher Gestalt reich erblühen sollten. Nur einer von den Genossen, Overbeck, blieb in Rom, seinem Vaterlande und seinem Glauben entsagend, fortan in seiner künstlerischen Richtung den modernen Bestrebungen abgewandt.

Friedrich Overbeck, geb. 1789, lebt seit 1810 in Rom; er steht noch immer in rüstigem Schaffen an der Spitze der neuen Richtung. Seine Welt ist die der ausschließlich mittelalterlichen Anschauung, seine Empfindung die eines neu erstandenen Fra Giovanni da Fiesole. Was über den Standpunkt des 14. Jahrhunderts hinausgeht, weist er als ketzerisch zurück. In manchen seiner Werke spricht sich eine innige Religiosität aus. So im Einzug Christi nach Jerusalem und in der Grablegung, welche beide die Marienkirche zu Lübeck besitzt. Eine der letzten Arbeiten dieses Künstlers ist die Darstellung der sieben Sakramente der katholischen Kirche.

In gleicher Richtung auf streng kirchliche Malerei schließen sich Overbeck an: Philipp Veit, geboren zu Berlin; von 1830—1843 Direktor des Frankfurter Kunstinstituts, seit 1854 Direktor des Museums zu Mainz, der Böhme Joseph Führich, gegenwärtig Professor an der Akademie zu Wien, Eduard Steinle, nun Direktor des Frankfurter Kunstinstituts.

In großartiger Freiheit als einer der tiefsinnigsten und gewaltigsten Meister deutscher Kunst hat sich Peter von Cornelius entwickelt (1783—1867). Schon ehe er nach Rom kam, hatte er durch die Kompositionen zu Göthes Faust und zu den Nibelungen eine wahrhaft nationale Weise angeschlagen. Als er 1820 aus Rom nach Düsseldorf als Direktor der Akademie berufen und 1825 durch König Ludwig an die Spitze der Münchner Akademie gestellt, mit der Ausführung der bedeutendsten Aufträge betraut wurde, begann in Deutschland eine neue Aera für die Geschichte der Kunst. In den umfangreichen Fresken der Glyptothek verherrlichte er die antike Götter- und Heroen-Welt und schuf mit gewaltiger Hand ein Geschlecht von Gestalten, in denen alle Schönheit und Erhabenheit, aber auch alle Leidenschaften des menschlichen Herzens einen überwältigenden Ausdruck fanden. In den Loggien

der **Pinakothek** schildert er voll lebendiger Anmuth und Naivetät
die Geschichte der christlichen Kunst. Sodann entwarf er in dem
ausgedehnten Bildercyklus der Ludwigskirche eine Schilderung
des christlichen Ideenkreises von der Erschaffung der Welt bis zum
jüngsten Gericht, ein Werk, das ihn allein zu einem der ersten Mei=
ster christlicher Kunst machen würde. Dennoch war die schöpferische
Thätigkeit des Meisters noch nicht abgeschlossen. Nach dem Re=
gierungsantritt Friedrich Wilhelm IV. erhielt er einen Ruf nach
Berlin, um die neu zu erbauende Königsgruft mit Fresken zu
schmücken, und begann nun jenen gewaltigen Gedankencyklus, in
dem er wiederum mit ganz neuer Kraft die christliche Weltanschauung,
die Erlösung von der Sünde durch Christi Leben und Leiden, das
Fortwirken der Kirche auf Erden und das Ende aller Dinge, den
Untergang des Fleisches und die Auferstehung zum ewigen Leben
in Werken voll unvergleichlicher Jugendfrische, voll erhabener Schön=
heit und erschütternder Gewalt des Ausdruckes darstellte.

Wenn bei Cornelius die Durchbildung der Form sich später
nicht immer auf der Höhe gehalten hat, welche er im Göttersaale
der Glyptothek erreichte, wenn man ihm nicht ohne Grund Härten
und selbst Mängel der Ausführung verwerfen kann, wenn endlich
das eigentliche Malen, die Herrschaft über die Farben außerhalb
seines Bereiches liegt, so sind das Mängel, die neben seinen Ver=
diensten so leicht wiegen, daß sie dieselben nicht zu verringern im
Stande sind.

Die Münchener Schule.

Das höchste Verdienst um die Neubelebung der deutschen Kunst
hat der **König Ludwig von Baiern**. In seinem Auftrage malte
Heinrich Heß die Fresken in der Basilika und der Hofkapelle zu
München und **Julius Schnorr** in den Sälen der Residenz die
Geschichte Karls des Großen und Friedrichs Barbarossa und die Hel=
densage der Nibelungen in einer Anzahl großer Bilder voll kühnen
Lebens und schwungvoller Romantik. **Rottmann** führte in den
Arkaden des Hofgartens seine hochpoetischen italienischen Landschaften
aus. Zugleich wurde die Glasmalerei wieder ins Leben gerufen.

Unter Cornelius Schülern ist nur einer zu nennen, der dem
idealen Styl ein neues selbständiges Gepräge zu geben wußte,

Wilhelm Kaulbach, zuerst in Düsseldorf, dann in München unter Cornelius Leitung gebildet. Der glänzendste Zug in der Richtung dieses Meisters ist seine satyrische Begabung, die er in den Kompositionen zum Reineke Fuchs mit genialer Laune zur Geltung brachte. Von den großen symbolisch=historischen Darstellungen, welche er für das Treppenhaus des neuen Museums zu Berlin entworfen hat, steht die Hunnenschlacht an poetischem Gehalt, an lebenvoller Schönheit und Klarheit der Komposition oben an. Außer dieser führte er dort aus: den Thurmbau zu Babel, Homer den Griechen seine Gesänge vortragend, die Zerstörung von Jerusalem, die Ankunft der Kreuzfahrer vor Jerusalem und die Reformationszeit. Weniger glücklich sind seine Zeichnungen zu Göthe's und Shakespeare's Dramen, sowie die Wandgemälde der Münchener neuen Pinakothek, welche die Geschichte der neuern Kunst in unpassend humoristischer Weise darstellen.

Zahlreiche Künstler reihen sich an die genannten Vertreter der Münchener Schule.

An H. v. Heß, der sich in Düsseldorf gebildet, dann nach einer Reise nach Italien als Professor nach München berufen ward, Cornelius bei der Ausführung seiner Fresken zu unterstützen und die Leitung der Anstalt für Glasmalerei zu übernehmen, schließt sich Johann Schraudolph, er schuf die tüchtigen Wandgemälde im Dome zu Speier.

Bonaventura Genelli lieferte treffliche Zeichnungen: Leben einer Hexe, Bacchuskampf, Raub der Europa. Moritz v. Schwind ist dagegen besonders im Innigen und Gemüthvollen der deutschen Sagen= und Märchenwelt zu Hause. Seine besten Werke sind die anmuthigen Wandgemälde aus dem Leben der heiligen Elisabeth auf der Wartburg, die Darstellungen der Volksmärchen von Aschenbrödel und den sieben Raben.

Als Geschichtsmaler sind vornehmlich zu erwähnen: Chr. Ruben, Bernhard Neher, der Maler der Dichterzimmer im Schloß zu Weimar; Ph. Foltz, Karl Piloty. Als Schlachtenmaler verdient Erwähnung Peter Heß, Heinrichs Bruder. Genrebilder malte Gisbert Flüggen, Landschaften Christian Morgenstern.

Die Düsseldorfer Schule.

Stand somit die Münchener Schule mit ihrem großen Hauptmeister und seinen Nachfolgern an der Spitze der neuen Kunst, so bildete sich neben dieser eine zweite Pflanzstätte deutscher Malerei in Düsseldorf, dessen Akademie unter Wilhelm Schadow seit 1826 einen neuen Aufschwung nahm. Während die Münchener Schule an den monumentalen Aufgaben einen strengen Idealstyl entwickelte, sah die Düsseldorfer Schule sich vornehmlich auf Oelmalerei beschränkt, erging sich mehr im Zarten, Empfindungsvollen und suchte dasselbe durch sorgfältiges Detailstudium der Natur und seine Ausbildung des Colorits zu betonen. Die passive träumerische Stimmung, die in den berühmtesten Bildern dieser Schule vorherrscht, mag ein Mangel sein, der in den Zuständen der Zeit seinen Grund findet, aber die edle Innigkeit, die liebevolle Hingabe an die Natur, die Schönheit des Colorits sind unvergängliche Verdienste der Schule.

Carl Friedrich Lessing, der Großneffe des Dichters, gegenwärtig Galeriedirektor der neubegründeten Karlsruher Kunstschule, ist der kräftigste und vielseitigste Maler dieser Schule. Seine Landschaften stellen die deutsche Wald- und Gebirgsnatur dar. Besonders zu nennen sind seine großen Geschichtsbilder, die Hussitenpredigt, Ezzelin, Huß vor dem Concil zu Constanz, Huß auf dem Gange zum Tode, die Gefangennehmung des Papstes Paschalis II. durch Kaiser Heinrich V., das trauernde Königspaar u. a. Eduard Bendemann, seit 1859 Schadows Nachfolger als Direktor der Düsseldorfer Kunstakademie; seine Gemälde sind sehr geschätzt, namentlich die trauernden Juden, Jeremias, Mädchen am Brunnen. An diese Meister schließen sich andere Künstler, z. B. Heinrich Mücke, der die heil. Catharina von Engeln gen Himmel getragen malte. Christian Köhler behandelte vielfach biblische Stoffe. Hermann Stilke stellte mit Glück Vorgänge des Mittelalters dar. Theodor Hildebrand malte unter andern die Söhne Eduards. Eduard Steinbrück ist bekannt durch seine Genoveva und durch reizende Elfenbilder, und Karl Sohn durch „die beiden Leonoren" und edle Frauenbildnisse.

Emanuel Leutze, ein bedeutender Geschichtsmaler, lebt in

Amerika. Rudolf Jordan stellt Scenen aus dem Schifferleben des Nordseestrandes dar, Jakob Becker, gegenwärtig Professor in Frankfurt, treffliche Dorfgeschichten. Karl Hübner lieferte wirkungsvolle Darstellungen tragischer socialer Conflikte. Tidemand gibt charaktervolle Scenen des norwegischen Bauernlebens. Adolf Schrödter zeichnet sich durch kräftigen Humor aus; ihm geistesverwandt ist Johann Peter Hasenclever mit seinen Bildern nach der Jobsiade. Zu den begabtesten Genremalern der Gegenwart gehören Ludwig Knaus und der Schweizer Vautier, zu Düsseldorf gebildet.

Auch die Landschaft wurde in Düsseldorf gepflegt durch Johann Wilhelm Schirmer, ferner durch die beiden Achenbach, Leu, Gude und viele andere tüchtige Künstler.

Andere deutsche Schulen.

In Berlin wurde die Malerei in ähnlicher Weise aufgefaßt, wie in Düsseldorf, sie nahm eine verwandte Richtung auf das Genrehafte und Romantische, jedoch ohne zu gleicher Bedeutung zu gelangen. Es fehlte nicht an tüchtigen Künstlern, aber sie standen in ihrem Bestreben vereinzelt neben einander. Während Karl Wilhelm Kolbe seine Gegenstände aus dem romantischen Gebiete schöpft, war Wilhelm Wach besonders im Gebiet der religiösen Historienmalerei thätig. A. von Klöber aber erging sich am liebsten in den heiteren Regionen der klassischen Mythologie und Karl Begas malte nicht nur Kirchengemälde, sondern auch Genrebilder, z. B. die Lorelei. Friedrich Krüger ist ausgezeichneter Porträt- und Pferdemaler. Eduard Magnus gehört zu den vorzüglichsten Bildnißmalern der neuern Zeit. Unter den Geschichtsmalern dieser Schule trat zuerst mit großer Begabung für mächtige Kompositionen Karl Schorn auf, gestorben 1850. Geistreich und lebendig schildert Adolf Menzel das Leben und die Zeit Friedrich des Großen. Julius Schrader malt mit trefflichem Colorit Bilder aus der neueren Geschichte. Unter den zahlreichen Genremalern ist Eduard Meyerheim anziehend durch seine Schilderungen des Familienlebens der unteren Stände.

Auch in Wien wurde die Malerei bei dem Mangel an grö=

ßeren monumentalen Aufgaben auf eine ähnliche Richtung hingedrängt. Die talentvollsten der dortigen Künstler haben in frischen lebensvollen Genrebildern manches Erfreuliche geleistet, z. B. Peter Krafft, F. Waldmüller und Jos. Danhauser. Karl Rahl war Geschichtsmaler von bedeutendem Talent und idealem Streben.

Der Dresdener Kunstschule gehören die schon erwähnten Julius Schnorr von Carolsfeld und Julius Hübner an. Hier wirkten Bendemann und Rethel. Als Zeichner haben zwei Dresdener Künstler besonderes Verdienst: Moritz Retzsch durch seine Umrißzeichnungen zu Göthe, Schiller, Shakespeare, Ludwig Richter durch seine gemüthvollen Bilder aus dem deutschen Volksleben in seinen Zeichnungen zu Göthe, Hebel u. s. w.

Als Kunstschulen und Vereinigungspunkte von Künstlern verdienen noch einige Städte Deutschlands Erwähnung. Frankfurt a. M., an dessen Kunstinstitut Veit, Steinle, Becker u. a. thätig waren. Karlsruhe, dessen Kunstschule durch Lessing, Schirmer u. a. Bedeutung gewann, Stuttgart, wo der schon genannte Neher neben dem vielseitigen Historien= und Genremaler Rustige und dem gediegenen Landschaftsmaler Funk wirken; Königsberg, wo als tüchtiger Historienmaler Rosenfelder thätig ist, und Weimar, wo B. Genelli aus der Münchener Schule und Friedrich Preller wirkten; letzterer einer der größten neueren Landschaftsmaler in idealer Richtung in seinen herrlichen Kompositionen zur Odyssee.

In den übrigen Ländern

bleibt die Malerei dieses Jahrhunderts hinter derjenigen Deutschlands zurück. Die französische Malerei, welche auch die Einwirkung der Romantik erfuhr und mehr nach der realistischen Seite neigt, kann sich in idealen Kompositionen nicht mit der deutschen messen, übertrifft sie aber an coloristischer Wirkung und naturalistischer Kraft. Wir nennen die bahnbrechenden genialen Meister Géricault und Eugène Delacroix, ferner Horace Vernet mit seinen hinreißenden Schilderungen afrikanischer Kämpfe; Paul Delaroche mit seinen ausgezeichneten historischen Bildern; Leopold Robert mit seinen vorzüglichen Schilderungen des italienischen Volkslebens. Als glänzende Coloristen sind vorzüglich

R. Fleury, L. Cogniet und A. Decamps zu nennen, als Genremaler F. Biard und Meissonier, als Bildnißmaler erfreut sich Winterhalter eines bedeutenden Rufes. In der Landschaft endlich gehören Th. Rousseau und P. Flandrin, neuerdings Daubigny, Dupré und Corot zu den vorzüglichsten Künstlern. Die Thiermalerei wird vertreten durch den genialen Troyon, die talentvolle Rosa Bonheur und manche andere Künstler. Auch die Schweiz besitzt an dem Genfer Calame einen Landschaftsmaler, der mit hoher Meisterschaft die großartige Alpennatur seines Heimathslandes zu schildern wußte.

In Belgien repräsentirt in den beiden Bildern „Abdankung Karls V." von L. Gallait und „Compromiß des niederländischen Adels" von E. de Biefve die Kunst die volle Gewalt der Wirklichkeit. Die moderne geschichtliche Malerei hat unläugbar durch diese Epoche machenden Bilder einen bedeutenden Impuls erhalten. Neben diesen Meistern sind Wappers und Nicaise de Keyser als Vertreter derselben Auffassung zu nennen. Unter den niederländischen Genremalern steht Leys in Antwerpen, unter den Landschaftern B. B. Koekkoek in Cleve, unter den Thiermalern Eugen Verboekhoven in Brüssel in erster Reihe.

Auch England hat in neuerer Zeit eine glänzende Entwicklung der Malerei erfahren; doch beschränkt sich dieselbe hier auf Genre, Landschaft, Porträt und Thierstücke. In der vorzüglich ausgebildeten Aquarellmalerei hat überdies England eine unübertreffliche Vollendung erreicht. Sir Charles Eastlake bildete sich nach den großen Meistern Italiens, vornehmlich den Venezianern. David Wilkie ist der geniale Darsteller des schottischen Volkslebens. Der Landschafter Turner ist durch seine glänzenden Lichtwirkungen berühmt; Landseer sucht als Thiermaler seines Gleichen.

Eine erfreuliche Erscheinung unserer Zeit ist die allgemeine Theilnahme an den Werken der Kunst, die besonders gefördert wird durch die in umfassender Weise gepflegten Vervielfältigungskünste. Nicht bloß der Kupferstich und Stahlstich wird durch tüchtige

Meister geübt, nicht bloß ist der lange vernachläßigte Holzschnitt wieder zu Ehren gebracht, dem wir Werke verdanken wie Ludwig Richters Darstellungen des deutschen Volks- und Familienlebens und das große Bibelwerk von Julius Schnorr, sondern auch eine neue Erfindung, die Lithographie, breitet sich immer weiter aus in ihren mannigfachen Weisen, und endlich fügen Daguerreotypie, Photographie und Stereoskopie diesen reichen Mitteln der Vervielfältigung noch neue glänzende Erfolge hinzu.

Vierter Abschnitt.

Die Musik.

Einleitung. Die Elemente der Tonkunst.

Die Musik ist die Darstellung des Schönen durch Töne. Das Erste und Wesentlichste in der Musik ist der Gesang oder die Melodie, d. h. die zur schönen Einheit verbundene Aufeinanderfolge von Tönen. In der Melodie entwickelt sich der musikalische Gedanke, legt sich die Empfindung auseinander. Die Harmonie (Zusammenklang) aber verstärkt diese Empfindung, indem sie ihr Fülle verleiht; sie vervielfältigt sie aber auch, sie schattirt, ruft durch Ausweichungen (Modulationen) mancherlei Gegensätze hervor, bringt durch Consonanzen (harmonischen Zusammenklang) und Dissonanzen Licht und Schatten in das Tongemälde. Damit jedoch die Töne der Melodie und Harmonie nicht verschwimmen und regellos durcheinander tönen, wird ihre Aufeinanderfolge geregelt durch den Rhythmus (Tonmaß). Es müssen in der Melodie lange und kurze Töne miteinander abwechseln, oder, wo gleiche Längen sind, diese durch Takt und Accent geregelt sein, so daß ein Ton als abhängig erscheint von dem andern. Der Takt ist die Regel und Ordnung; aber er darf nicht die Freiheit der Darstellung beherrschen wollen.

Wie die Gefühle wechseln, der Affekt sich hebt oder senkt, so muß auch der Rhythmus in einem und demselben Stücke sich beschleunigen oder verzögern.

Ein Weiteres ist die Dynamik, die Stärke des Tons. Die Kraft, in welcher der Singende oder Spielende seine Töne hervorbringt, muß der treue Ausdruck seiner innern Stimmung, eine wesentliche Offenbarung des Lebens selber sein.

Diese vier Momente müssen zusammenwirken, wenn das Tonstück den Eindruck eines schönen Ganzen machen soll, aber sie brauchen deßhalb nicht immer in gleicher Geltung aufzutreten; es wird bald dieser, bald ein anderer Moment überwiegen. In der neuern Musik ist die Harmonie zur großen Herrschaft gelangt und hat ihr Mannigfaltigkeit, Kraft und Fülle verliehen, aber wenn sie ihr Maaß überschreitet, gewährt sie bloß sinnlichen Effekt.

Den Ausdruck kann man von keinem Meister lernen, so wenig als man Empfindungen und Gedanken lernen kann, das eigne Gefühl muß ihn geben. Nur ein durchgebildeter Mensch kann mit Ausdruck singen oder irgend ein Instrument spielen.

Das Musikstück muß erforscht, verstanden, es muß innerlich erfaßt werden.

I. Die Tonkunst im Alterthum.

Die Musik ist eine der ältesten unter den schönen Künsten; sie, die Muttersprache des empfindenden Menschen, die Universalsprache der Menschheit, hat ihre Urheimath in Asien, dort nennt uns die heil. Schrift unter dem ersten Geschlechte der Menschen den Jubal, „von dem die Zither- und Harfenspieler kommen." Auf den Hochebenen Asiens sangen Hirten ihre kunstlosen Lieder. Die heil. Schrift berichtet uns weiter von dem herrlichen Lobgesang Moses' und Mirjam's, die Mauern Jericho's fielen unter dem Schall der Posaunen. David, der dem Gottesdienst zuerst eine höhere Weihe gab, führte auch einen ausgebildeten Tempelgesang ein. Die musikalischen Instrumente, welche zu seinen herrlichen Psalmen erschallten, waren Harfe und Zither, Trompete und Pauke. Unter Salomos kunstliebender Regierung gelangte die hebräische

Musik zu ihrer Vollendung. Er ließ das köstlich duftende Santelholz zu Instrumenten für die Tempelmusik verwenden.

Auch bei den **Aegyptern** fehlt es nicht an Zeugnissen einer ausgebildeten Musik, von der uns nicht bloß Herodot Kunde gibt, sondern auch zahlreiche Abbildungen von Sängern und Sängerinnen mit großen Harfen und andern Instrumenten, die man auf den Wandgemälden bei Schilderungen von Festen und Feierlichkeiten aller Art sieht, Bestätigung gewähren.

Bei den **Griechen** wurde schon früh der hohe Werth der Musik erkannt. Es entwickelte sich unter diesem reich begabten Volke eine Kunstgattung, wie sie dem innersten Wesen seines freien Staatslebens entsprach, das Drama, in welchem der Chor einen hervorragenden Bestandtheil bildete. In der Blüthezeit des alten Griechenlands bestand der Chor aus einer Anzahl von Personen, die während der ganzen Aufführung in der Orchestra, von welcher unser „Orchester" abstammt, als Zeugen der Handlung weilten. Trat in der Darstellung eine Pause ein, so trug der Chor Gesänge vor, welche, an die Handlung anknüpfend, die Reflexionen und Empfindungen über das Gesehene und Gehörte in feierlichen Rhythmen ausdrückten. Die erhaltenen Tragödien eines Aeschylos, Sophokles und Euripides geben uns Beispiele dieser erhabenen Gesänge.

Den **Römern** fehlte das tiefere Verständniß für das Schöne, daher fand auch die Musik bei ihnen keine höhere Pflege. Sie wurde ausschließlich von Sklaven und Freigelassenen geübt.

II. Die Tonkunst im Mittelalter.

Die römische Weltherrschaft zerfiel in Trümmer, und über ihrem Grabe erhob sich siegreich die welterlösende Lehre des Christenthums. Jetzt erst konnte die Musik im Dienste einer neuen, tieferen Gottesanschauung sich in ganzer Macht entfalten. Aber die ersten Keime sind nur zart und schüchtern. Sie treten uns entgegen in dem schlichten Gemeindegesang, mit welchem die ersten Christen in den Katakomben, oder in andern abgelegenen Orten ihre gottesdienstliche Feier, nach dem Vorgange des jüdischen Tempelgebrauches begleiteten.

II. Die Tonkunst im Mittelalter.

Den ersten festen Grund zu einem geregelten Kirchengesang verdanken wir dem heil. Ambrosius, der am Ende des 4. Jahrhunderts als Bischof zu Mailand lebte. Zwei Jahrhunderte lang herrschte der Ambrosianische Kirchengesang, bis Papst Gregor d. Gr. die weitere Entwicklung der kirchlichen Sangeskunst sich vorsetzte. Er vermehrte die vier ambrosianischen Kirchentöne auf acht; ihm verdanken wir das erste Denkmal einer Notenschrift in sogenannten Neumen (im Mittelalter üblich: Notenzeichen vor der Erfindung der eigentlichen Notenschrift), wodurch er die Grundlage unsres heutigen Notensystemes schuf. Doch auch in den nächsten Jahrhunderten sind, ähnlich wie in der gesammten christlichen Kunst, nur schwache Fortschritte zu spüren.

In Deutschland wird uns freilich schon aus der Heidenzeit von Hörnerschall und Kriegsgesang bei den alten Germanen berichtet. Das Christenthum aber brachte erst die streng römischen Kirchengesänge. Karl d. Gr. bemühte sich, durch Herbeirufung italienischer Sänger seine rauhen Völker zu bilden.

Die Tonkunst jener Zeit mag wohl vorwiegend dem Gesange dienen, aber bei glänzenden Festen erscheint eine zahlreiche Schaar von Spielleuten, es werden sogar einzelne Künstler namhaft gemacht, z. B. im Nibelungenlied der kühne Spielmann Volker, König Etzels Fidelspieler u. A. Fidel, Harfe und Horn waren beliebte Tongeräthe.

Das Mittelalter mit seinem Mangel an wissenschaftlichem Verkehr konnte die Tonkunst wenig über das Kindesalter hinausführen. Während eifrige Mönche den Kirchengesang weiter bildeten, die Notenschrift erfanden und nach dem Gesetze des Tonsatzes forschten, finden sich die ersten Spuren einer Harmonielehre im 10. Jahrhundert in Flandern in einer Schrift des Mönches Hucbald. Bald darauf verbesserte Guido von Arezzo, ein italienischer Klosterbruder, die Notenschrift. Nach seinem Geburtsorte Arezzo wurden die aretinischen Sylben: Ut, re, mi, fa, sol, la (die man zu Gesangsübungen anwendet) benannt. Sie sind einer Hymne an den heil. Johannes entnommen: **Ut** queant laxis **Re**sonare fibris **Mi**ra gestorum **Fa**muli tuorum **Sol**ve polluti **La**bii reatum, Sancte Johanne. Später wurde ut ausgelassen und dafür do gesetzt und si beigefügt.

Wie die gesammte Kunst der Zeit, war auch die Musik im ausschließlichen Besitz der Kirche gewesen. Nur in den Klosterschulen wurde sie gepflegt; kein Wunder, daß sie wie alle Bildung jener Zeit ein scholastisches, streng dogmatisches Gepräge trug.

Das 12. und 13. Jahrhundert brachte freiere Regungen zur Entfaltung, man fing besonders in der Provence an, sich dem Gesang und der Dichtkunst hinzugeben, in Frankreich gewannen die Troubadours, in Deutschland die Minnesänger Bedeutung. Als die Romantik des Ritterthums zu äußerlichem, conventionellem Wesen entartete, sank auch die Blüthe des Minnesanges, und der Gesang rettete sich in die friedlichen Werkstätten der Bürger, es entstand der Meistersang.

Auch den Aufführungen geistlicher Spiele, die schon im frühen Mittelalter begannen, fehlte es nicht an der unentbehrlichen musikalischen Zugabe.

So war das 15. Jahrhundert angebrochen, ohne daß die Musik über vereinzelte und spärliche Ansätze zu einer künstlerischen Entwicklung hinausgekommen wäre. In Wahrheit konnte von einer musikalischen Kunst noch nicht die Rede sein. Die bildenden Künste und selbst die Poesie waren ihr weit vorausgeeilt, und die Musik, ungelenk und unmelodiös wie sie war, konnte entfernt nicht daran denken, dem Seelenleben zum Ausdruck zu dienen.

III. Die Tonkunst des 16., 17. und 18. Jahrhunderts in den Niederlanden und Italien.

Wie von den Niederlanden die Malerei der neuen Zeit durch Erfindung und Vervollkommnung der Oelfarben ausging, so war dieser ächt germanische Volksstamm dazu berufen, auch für die Musik die scholastischen Fesseln des Mittelalters zu brechen und durch Ausbildung der Gesetze der Harmonie eine breite Basis für die höhere Entfaltung der Kunst zu legen.

Was Hubert und Johann van Eyck für die Malerei, das wurden Düfay, Ockenheim und Josquin des Prés durch Ausbildung des contrapunktischen Satzes für die Musik. Größer noch als diese ist Orlando Lasso aus Mons im Hennegau, 1520—1594.

III. Die Tonkunst in den Niederlanden und Italien.

Er führte, was jene begonnen hatten, die niederländische Kunst des Contrapunktes, zur höchsten Vollendung; er setzte durch seine geistlichen und weltlichen Compositionen ganz Europa in Erstaunen. Seine mit kostbaren Malereien geschmückten Manuscripte werden noch in München aufbewahrt, unter andern die **sieben Bußpsalmen**.

Er ist der letzte in der Reihe der großen niederländischen Meister, fortan treten Deutschland und Italien die Führerschaft an im Reiche der Tonkunst.

Giovanni Pierluigi da Palestrina, der Reformator der Tonkunst, war zu Palestrina, einem Ort im Sabinergebirge bei Rom 1524 geboren. Er hatte sich bereits allgemeine Anerkennung als hervorragender Tonkünstler errungen, als er mit einem Auftrag betraut wurde, der für die fernere Entwicklung der Tonkunst entscheidend werden sollte. Papst Marcell II. war im Begriff, die Musik aus der Kirche zu verbannen, denn sie hatte sich auf Abwege verirrt und durch gekünsteltes Wesen die Würde und Hoheit der kirchlichen Feier verletzt. Man war daher entschlossen, zum einfachen gregorianischen Gesange zurückzukehren, wofern die Musik sich außer Stande zeige, der Heiligkeit der kirchlichen Handlung zum feierlichen, ergreifenden Ausdruck zu dienen. Da arbeitete der junge Palestrina für den Ostersonntag eine sechsstimmige Messe aus und bat den Papst, sie aufführen zu dürfen. Diese **Missa Marcelli** ist noch vorhanden. Der heilige Vater äußerte sich darüber: „Dies sind die Harmonien des neuen Gesanges, welche einst der Apostel Johannes im himmlischen Jerusalem gehört hat." Palestrina wurde darauf Kapellmeister an St. Peter.

So begann mit Palestrina die Glanzepoche der Kirchenmusik. Eines seiner früheren Werke sind die **Improperien**. Das **Stabatmater**, von ihm für die sixtinische Kapelle ausgeführt, soll die Krone all seiner Werke sein. Hätte Pierluigi nichts Weiteres geschrieben, es würde hingereicht haben, seinen Namen zu verewigen, wie die Himmelfahrt Christi den Rafael.

Palestrina begründete zugleich eine **neue Musikschule**, aus der **Gregorio Allegri**, der Tondichter des **weltberühmten Miserere**, hervorging.

Neben der Kirchenmusik entwickelte sich in der Mitte des

16. Jahrhunderts auch die **weltliche Musik** unter dem Einflusse eines freieren Lebens, in welchem Künste und Wissenschaften überhaupt gepflegt und gefördert wurden. Aus dem von Instrumenten begleiteten Einzelvortrage eines Gesangstückes, meistens mythologischen oder schäferlichen Inhalts, ging um 1590 die Oper hervor, d. h. das nur musikalisch vorgetragene gemischte, ein- und mehrstimmige Schauspiel, scherzhaften oder ernsten Inhalts. Die ersten Werke, die man als Opern bezeichnen kann, waren „**Daphne und Eurydice**," beide von einem Italiener Rinuccini gedichtet; wenigstens datirt man von der Aufführung dieser Werke die Erfindung der Oper.

Gleichzeitig ungefähr entstand in Mittelitalien zu größerer Festigung religiösen Sinnes das **Oratorium**, musikalisches geistliches Drama. — Sowohl in diesem wie im folgenden Jahrhundert blühte die Musik neben Künsten und Wissenschaften in Italien, es trat in der That eine Glanzperiode, eine Zeit des Umschwunges ein, die den Einfluß Italiens auf musikalischem Gebiete für ganz Europa maßgebend und entscheidend machte. **Alessandro Scarlatti** (1650—1725), Gründer der neapolitanischen Schule, war entschieden einer der größten Meister seiner Zeit, gleich bedeutend in tiefster Kenntniß der Gesetze des Contrapunktes, wie in der dramatischen Recitation und in Gestaltung von Melodien voll erhabener und großartiger Schönheit.

Noch höher stieg die Bedeutung dieser Schule durch Scarlatti's vorzüglichen Schüler **Durante**, der sein Talent aber nur im Dienste der Kirche geltend machte, während sein ebenso reich begabter Zeitgenosse **Leonardo Leo**, Direktor des Conservatoriums zu Neapel, nicht bloß für die Kirche, sondern auch für die Oper treffliche Werke schuf.

Mit dem Emporkommen der Oper gewann auch der Gesang eine größere Bedeutung, und der Sologesang erfuhr eine besondere Pflege und Ausbildung, namentlich im 18. Jahrhundert unter dem berühmten Gesanglehrer **Niccolo Porpora**, der, was den Gesang anbelangt, noch von seinem Schüler **Carlo Broschi** (oder **Farinelli**) übertroffen ward. Ein Schüler des Letzteren, **Caffarelli**, entzückte als Sopranist ganz Europa durch seinen unvergleichlichen

Gesang. Unter den Sängerinnen des 18. Jahrhunderts war die berühmte **Faustina Borboni** (Hasse) eine der bedeutendsten.

Für die Entwicklung der Pianoforte-Musik hat zuerst **Domenico Scarlatti**, ein Sohn des früher genannten Alessandro Scarlatti, Epoche gemacht.

Das Orgelspiel stammt schon aus der frühesten Zeit der Kirche. Ludwig der Fromme ließ in Venedig eine Orgel anfertigen für die Kirche in Aachen, doch war noch im 13. Jahrhundert eine Orgel ein seltner, hoch gehaltener Schatz. Im 16. Jahrhundert hatte Italien zwei tüchtige Meister des Orgelspieles, die beiden **Gabrieli**, welche nach einander Organisten am Dom des heil. Marcus in Venedig waren und der venezianischen Schule angehörten, die neben der römischen und neapolitanischen eine wichtige Pflanzstätte der Tonkunst war.

Nachdem italienische Musik, italienischer Gesang drei Jahrhunderte lang die Oberherrschaft in der gebildeten Welt gehabt, strebten die Italiener auch noch im 18. Jahrhundert den Platz zu behaupten, aber sie verfielen mehr und mehr in das Sinnliche, süßlich Manierirte, konnten also nur da gefallen, wo Entartung und Schlaffheit des Geistes und Charakters walteten.

Die Herrschaft aber auf dem musikalischen Gebiete fiel fortan den Deutschen zu.

IV. Die deutsche Tonkunst bis 1750.

Die deutsche Musik hat ihre ersten künstlerischen Anregungen vom Ausland erhalten. Als sich in Deutschland das musikalische Leben zu entfalten begann, waren die Niederländer schon weit voran geeilt, und in der Folgezeit wurden die Italiener Vorbilder für ganz Europa; sie haben uns erst den Blick in die Wunder der Tonwelt erschlossen; die Deutschen sind aber nicht Nachfolger geblieben, sondern den Meistern vorangeeilt, dergestalt, daß sich kein anderes Volk auf musikalischem Gebiete mit ihnen messen kann in Mannigfaltigkeit und Reichthum der Ideen, Feinheit der Charakteristik, Kühnheit und Tiefe der harmonischen Combinationen und innigem Ausdruck der Empfindung. Die deutsche Musik nahm zuerst zur

Zeit der Reformation einen nachhaltigen Aufschwung durch Einführung des Chorals.

Martin Luther war ein begeisterter Freund der Musik, welcher den hohen künstlerischen und sittlichen Werth der Tonkunst zu würdigen wußte und den Unterricht in derselben seinen Freunden dringend empfahl. Mit ihm beginnt die Blüthezeit des Choralgesanges. Er verband sich mit den besten Musikern, er selbst fertigte neue Weisen an und regte durch sein Beispiel die berühmten Tonkünstler seiner Zeit an. So kamen gar viele verschiedene Choralmelodien in die Kirche.

In der zweiten Hälfte des 16. Jahrhunderts mochte über den vielen Lehrstreitigkeiten das Kirchenlied trocken und lehrhaft werden: im Kirchengesang brach der ursprünglich evangelische Geist sich Bahn. Die Tonkunst blieb unberührt von den Streitigkeiten.

Unter Johann Eccard, Schüler des Orlando Lasso, ging die Motettenform allmählich in den einfachen Gemeindegesang über und der Choral entwickelte sich in der Form des Liedes für eine Singstimme, die von den übrigen in ruhiger Begleitung getragen wird.

Aber schon am Ende des 16. Jahrhunderts machte der italienische Einfluß sich beim Kirchengesange geltend, indem derselbe weltliche Elemente in sich aufnahm. Dieser Richtung huldigte besonders Heinrich Schütz, der Vertreter des „neuen Styls."

Die Hausmusik oder Kammermusik, im engern Sinne, also alle die kleinen Tonstücke, die nicht für die öffentliche Aufführung, sondern zum Gebrauch in häuslichem Kreise bestimmt waren, gehört mit ihrem Anfange auch in dieses Jahrhundert. Flöte, Geige und Laute standen in großen Ehren. Unter den Tasteninstrumenten nahm die Orgel, als das vollständigste Instrument, den ersten Platz ein, nicht allein für die Kirche, sondern auch für den Gebrauch zu Hause neben dem Klavier. Die deutsche Oper, ein rechtes Kind der Zeit, hat im Laufe der Zeit Allgemeinherrschaft gewonnen. Als Lieblingsspiel der Phantasie, als ein wunderliches Ding voll reizender Thorheit und Liebenswürdigkeit, voll Erhabenheiten und Flachheiten, voll Wunder und Unsinn, ist sie auf's Allerinnigste mit dem ganzen Wesen und Treiben der Welt verschmolzen. Das mittelalterliche Drama war untergegangen und an seine Stelle war die

IV. Die deutsche Tonkunst bis 1750.

Oper getreten. Als Vater der deutschen Oper wird Heinrich Schütz genannt. Der Text zur ersten Oper stammt von Martin Opitz, der die vom Italiener Ranuccini gedichtete „Daphne" ins Deutsche übersetzte.

Während das deutsche Reich noch an den Wunden des 30jährigen Krieges zu leiden hatte, richtete man sein Augenmerk auf Italien und scheute nicht den außerordentlichen Kostenaufwand, um italienische Tonkünstler und Sänger zu gewinnen. In Hamburg wurde der Kultus der Oper auf die bedeutungsvollste Höhe getrieben, indeß erlosch der Glanz dieser ersten Opernperiode sehr bald wieder.

Das deutsche Orgelspiel beginnt im 16. Jahrhundert sich mehr und mehr zu entwickeln, im 17. Jahrhundert wird unter andern J. Froberger, der nach einem Leben reich an Abenteuern, in Mainz starb, genannt als ausgezeichneter Organist.

Seinen Höhepunkt erreicht aber das Orgelspiel erst durch die Familie Bach, namentlich in Johann Sebastian Bach, geboren 1685 in Eisenach, diesem Repräsentanten jenes echten ungefälschten Bürgerthums, wie es in die Verderbniß des 18. Jahrhunderts hineinragt, diesem Musterbilde eines bescheidenen, in Verborgenheit und Armuth gehüllten Künstlerlebens. 1723 ward er Musikdirektor an der Thomasschule in Leipzig. 1750 starb er, nachdem er in den letzten Lebensjahren erblindet war. J. S. Bach, durchdrungen von der Begeisterung für den Kirchenglauben, verwies die Deutschen zuerst wieder auf ihr deutsches Gemüth und setzte durch seine majestätischen Orgelcompositionen, durch seine erhabenen Fugen (Kettensatz, wo eine Stimme der andern nachspielt) und Passionsmusiken (Matthäus-, Johannespassion), seine Kantaten, Motetten, Choräle, die deutsche Musik in ihre Rechte. Alle seine Werke, auch die geringsten, hat er zur Ehre Gottes geschaffen. Im Orgelspiele ist noch nichts vollendet worden, das Sebastian Bach uns nicht unendlich größer und reicher hinterlassen hätte.

Unter seinen Söhnen kommt Friedemann seinem Vater am nächsten, er ist bekannt als der „Hallische Bach." Emanuel ist der weltlich elegantere, der „Hamburger Bach." J. Christian wurde der „Englische Bach" genannt, er schrieb Opern. Johann Christoph Friedrich war der „Bückeburger."

Gleichzeitig rief **Georg Friedrich Händel** seine großartigen Oratorien ins Leben. Muster für alle Zeiten, bereiteten sie dem deutschen Volke unvergänglichen Ruhm bei dem verwandten englischen Volke. Händel war 1685 in Halle geboren, gehorsam dem Willen seines Vaters studirte er Jura in Halle, und blieb auch noch nach dem Tode des Vaters seinen Studien treu, wenn auch die Tonkunst sein hauptsächlichstes Streben war. Die Sehnsucht, sich in der Welt umzusehen, trieb ihn jedoch, 19 Jahr alt, nach Hamburg. Hier war damals ein so reges musikalisches Leben, daß Händel sich fesseln ließ und seine erste Oper zur Aufführung brachte. Von nun an widmete er sich ausschließlich der Musik, wurde Direktor der Oper in Berlin, reiste später nach Italien, übernahm nach seiner Rückkehr die Stelle eines Kapellmeisters in Hannover und besuchte 1710 England, das er von 1712 an zu seinem bleibenden Aufenthalt erwählte. Zum Glück für die höhere Kunst ließ er hier die Bühne fahren und betrat die Bahn, die ihm die höchste Palme bringen sollte; er widmete sich ganz dem Oratorium, und erlangte auf diesem Felde den Gipfel unerreichter Meisterschaft. Der „Messias" eröffnete die Reihe seiner größten Schöpfungen, ihm folgte Samson, Judas Makkabäus, Josua, Esther, Athalie, Israel in Egypten, Saul.

Händel bildet einen eigenthümlichen Gegensatz zu Bach: Dieser still und dürftig im Kreise seiner Schüler und einer zahlreichen Familie lebend, durch die Schwere seiner Schöpfungen nicht volksthümlich; jener im regen Getriebe der Welt, im Umgang mit den Großen erstarkend, gebieterisch und unbeugsam, vom Glück mit Reichthum und Ruhm überschüttet, Herr inmitten eines fremden Volkes, das ihn hoch ehrt. Hier der stolze Genosse des brittischen Adels, dort der arme deutsche Kantor. Wie zwei Riesen stehen sie an der Pforte der deutschen Tonkunst. Beide Sachsen niederen Standes, von ihren Zeitgenossen hochgeehrt, thätig bis zum letzten Lebenshauche, durchdrungen vom Geiste protestantischer Gläubigkeit.

Sie schließen diesen Zeitraum ab, vorwiegend als Vertreter der geistlichen Tonkunst, die sie noch mit dem Tiefsinn und der Glaubensfreudigkeit eines Luther auffassen.

V. Die deutsche Tonkunst der klassischen Epoche.

Die Blüthe der deutschen Tonkunst fällt mit dem Aufschwung der deutschen Poesie in dieselbe Zeit, beide erreichen in der zweiten Hälfte des achtzehnten Jahrhunderts den Gipfel classischer Vollendung. Auf dem Gebiete der Kirchenmusik war durch Sebastian Bach und Händel der Höhepunkt erreicht worden, nun entwickelten sich auch Oper und Instrumentalmusik zu höherer Selbständigkeit.

Gluck, Haydn, Mozart sind jene erhabenen Meister deutscher Tonkunst, die an Gediegenheit und Kraft ihren Vorgängern Bach und Händel nicht nachstehen, an Neuheit und Mannigfaltigkeit der Erfindungen sie noch übertreffen. Sie sind mustergültig für Mit- und Nachwelt geworden.

Christoph Ritter von Gluck, geb. 1714, war seiner Geburt nach ein Deutscher, er erhielt auch seine erste musikalische Bildung in Prag, später aber lebte er abwechselnd in Italien, London, Kopenhagen und Wien. Er schloß sich in seinen früheren Opern ganz dem herrschenden italienischen Geschmack an, schlug aber während seines Aufenthalts in Wien 1762—69 eine neue Bahn ein, und wurde der erste, durch den die Oper ein deutsches Gepräge erhielt. Als erste Frucht dieses reformatorischen Bestrebens erschien 1762 Orpheus und Eurydice auf dem Wiener Opernthater und erlangte großen Beifall. Freier noch von den herkömmlichen Mißbräuchen war die nun folgende Alceste. Allein das damalige musikalische Deutschland verstand ihn nicht. Er ging daher nach Paris und es gelang ihm durch Vermittelung der damaligen Kronprinzessin Marie Antoinette, seiner Gönnerin und einstigen Schülerin, seine Iphigenia in Aulis zur Aufführung zu bringen. Der Eindruck war außerordentlich und binnen zwei Jahren wurde diese Oper 170 Mal gegeben.

Unter heftigen Kämpfen der Parteien war Gluck siegreich dem italienischen Tonsetzer Piccini entgegen getreten, und nun hatte er gewonnenes Spiel, sowohl den Anhängern der alten italienischen wie der französischen Schule gegenüber. Nach einander folgten nun mehrere Opern: Iphigenia in Tauris u. A., die von dem ernsten Streben zeugten, die Oper wieder zur Natur zurückzuführen und ihr neben dem musikalischen auch dichterischen, dramatischen Werth zu geben.

Die letzten Lebensjahre verlebte Gluck in Wien und starb hier den 17. November 1787.

Gluck war durch und durch Künstler, jeder Ton ist in seinen Werken mit dem Sinn des Wortes innig verschmolzen.

Weil seine Gestalten einer entlegenen Zeit angehören (der griechischen Heroen- und Götterwelt), so fanden seine Werke aber in Deutschland keine eigene Stätte. Gluck's großes Verdienst ist, daß er die dramatische Poesie aus hereinbrechender heilloser Verwirrung rettete, und daß er ihr Adel und Weihe verlieh. Wie aber jede schöpferische That Keime der Entwickelung in sich trägt, so wurde das Vermächtniß dieses Tondichters der beiden Iphigenien zum reichen Erbe für seine Nachfolger, namentlich für den Schöpfer des Don Juan.

Als Vorläufer Haydn's und Gluck's ist der schon genannte **Emanuel Bach** von besonderer Wichtigkeit. Er hatte die Rechte studirt, widmete sich aber später ausschließlich der Tonkunst und wurde in Folge Lehrer des Kronprinzen, nachmaligen Königs Friedrich II., dessen Flötenspiel er auf dem Flügel begleitete. Nach Ausbruch des siebenjährigen Kriegs sah Bach sich genöthigt, einem Rufe als Musikdirektor nach Hamburg zu folgen, hier starb er 1788. E. Bach war der eleganteste Clavierspieler, aber auch als Vocalcomponist zeigt er sich als würdiger Sohn seines Vaters. Von seinen größeren Werken sind zu nennen: „Die Israeliten in der Wüste." „Der Morgengesang am Schöpfungstage." Die „Auferstehung und Himmelfahrt Jesu."

Als kirchliche Tonsetzer in Norddeutschland schließen sich an Bach G. A. **Homilius**, ein Sachse, **Joh. Friedr. Doles** aus Leipzig und **J. H. Rolle**, Musikdirektor in Magdeburg, endlich **Graun**. Seine Opern sind vergessen, aber seine Musik zu Ramlers Passionsoratorium „der Tod Jesu" ist von bleibendem Werthe.

Hasse und **Naumann** sind in diesem Zeitraume die Hauptvertreter der italienischen Oper, später aber wandte dieser sich der Kirchenmusik zu. Sein „Vater unser," Text von Klopstock, ist noch jetzt geschätzt.

Als unmittelbare Nachfolger schloßen sich nur Wenige dem

V. Die deutsche Tonkunst der klassischen Epoche.

Gluck'schen Style an, unter ihnen als Vater der deutschen Operette J. H. Hiller, ein Mann, der sich vielfache Verdienste um die Tonkunst erworben hat. Als Musikdirektor in Leipzig führte er noch im späten Alter bessere Melodien für die Kirchengesänge ein. Sein Choralbuch fand große Verbreitung und von seinen einfachen, gesunden, wahrempfundenen Liedern wurden mehrere zu Volksgesängen.

Joseph Haydn wurde 1732 in dem niederösterreichischen Dorfe Rohrau geboren, er offenbarte schon früh ein bedeutendes musikalisches Talent und kam deshalb im Alter von 8 Jahren als Chorknabe nach Wien an die Stephanskirche, doch erst 1759 gewann er eine gesichertere Stellung als Musikdirektor des Grafen Morzin und ein Jahr später ward er Kapellmeister bei dem Fürsten Esterhazy, welchen Posten Haydn 30 Jahre lang bekleidete, bis der Fürst starb. Sehr bereitwillig folgte er darauf einem Rufe nach England, fand eine glänzende Aufnahme und brachte dort fortan den größten Theil seines Lebens zu.

In London fand er die erste Anregung zu seiner großartigen Composition „die Schöpfung." Einige Jahre später schrieb der große Meister „die Jahreszeiten" und auch dies Oratorium ward mit Begeisterung aufgenommen.

Erst von England aus ist Haydn in Deutschland berühmt geworden.

Haydn starb am 31. Mai 1809, tief betrauert, allgeliebt, allverehrt, allbewundert. Seine Werke spiegeln Einfachheit und Natürlichkeit, Humor und Liebenswürdigkeit ab. Die ganze Scala der Empfindungen vom hellsten Jubel bis zu den Schauern des Geheimnisses durchlief er in seiner Kunst, aber Maaß und Anmuth blieben ihm stets zur Seite, Neid und Eifersucht kannte er nicht.

118 Symphonien, 83 Quartetten, 15 Messen, 5 Oratorien, 19 Opern, 44 Sonaten und eine Menge Lieder und andere musikalische Werke sind von ihm componirt. Haydn ist als Schöpfer der noch jetzt herrschenden Orchestermusik, der Quartette und Symphonien anzusehen, er wurde hierin der Lehrer Mozart's.

Haydn's jüngerer Bruder hat sich ebenfalls als Componist einen Namen gemacht, doch beschränkte er sich auf kirchliche Tonwerke. Von ihm gilt besonders eine Messe in C als classisch.

Ein Ehrenplatz unter den bedeutenden Kirchencomponisten dieser Zeit gebührt auch dem gediegenen gebildeten F. Ch. Fasch. Eines seiner bedeutendsten Werke ist sein achtstimmiges Miserere. Er war der Lehrer Zelters.

Wolfgang Amadeus Mozart, geb. den 27. Januar 1750 in Salzburg, Sohn des erzbischöflichen Vicekapellmeisters daselbst, war in seiner frühsten Jugend ein musikalisches Wunderkind, schon in seinem 4. Jahre spielte er Clavier und componirte im 5. Jahre kleine Stücke, die sein Vater dann zu Papier brachte. Auf den Reisen, die der Vater um diese Zeit mit ihm machte, erregte er die Bewunderung der Kaiserin Maria Theresia; auch in London, wo er im 8. Jahre die erste Sonate, und in Paris, wo er seine erste Symphonie für ein volles Orchester componirte, erndtete er Bewunderung. Im 13. Jahre wurde Mozart Concertmeister in Salzburg. Von da aber folgte er bald seiner Sehnsucht und ging nach Italien, wo er überall durch seine staunenswerthen Leistungen entzückte. Nach Salzburg zurückgekehrt, entschloß er sich in seinem 21. Jahre nach Paris zu gehen, aber hier schlugen seine Erwartungen fehl, und er fand die Theilnahme nicht wieder, die man einst dem Kinde erwies; als daher von Salzburg die Berufung zum Hof- und Domorganisten an ihn erging, kehrte er zurück.

Mozart's classische Periode beginnt erst mit seiner Uebersiedelung nach Wien 1781 zufolge einer Aufforderung Kaiser Joseph II., „die Entführung aus dem Serail" zu componiren. Er vollendete diese Oper in kurzer Zeit und erndtete trotz der Kabale der italienischen Sänger rauschenden Beifall bei der Aufführung.

Im Jahre 1786 erschien: „Figaro's Hochzeit," fand aber in Wien schlechte Aufnahme. In Prag dagegen erfreute sie sich eines ungewöhnlichen Erfolgs, so daß Mozart tief gerührt gelobte: Weil mich die Prager so gut verstehen, will ich eine Oper ganz für sie schreiben, und es erschien 1787 der Don Juan, die Oper aller

Opern, eine in Musik gesetzte Stufenleiter der menschlichen Empfindungen, ein Seitenstück zu Göthe's Faust, das ebenso wie dieser den Ruhm deutscher Tiefe und deutschen Gedankenreichthums in alle Welt getragen hat. „Die Partitur des Don Juan", sagt ein Biograph Mozart's, „zeigt den vollendeten Ausdruck jener Allseitigkeit, die den Grundzug des Mozart'schen Genius bildet." Nach der ersten Aufführung vergötterte die alte Böhmenstadt Mozart förmlich.

Das letzte Lebensjahr des Meisters brachte die „Zauberflöte" und „Titus." Erstere wurde in ganz Deutschland mit ungeheurem Erfolge gegeben und machte den Namen des Meisters volksthümlich.

Das letzte Aufathmen seines Künstlergeistes sollte sich dem Erhabenen, Göttlichen zuwenden. Mozart hatte das gesammte Gebiet der Tonkunst unendlich erweitert. Die Oper hatte er durch Verschmelzung des deutschen und italienischen Geistes neu beflügelt und ihr den höchsten Ausdruck des musikalischen Drama's gegeben, die Kammer- und Quartett-Musik mit der ganzen Leidenschaft seines reichen Seelenlebens und dem Zauber edelster Empfindungen erfüllt, die Symphonie mit Haydn und über ihn hinweg erst zum vollen Seelengemälde erhoben, wie wir sie jetzt kennen. Zum Schluß sollte er noch ein kirchliches Werk liefern, das an heiligem Ernst und schwungvoller Erhabenheit hinter keinem der Vorzeit zurückbleibt: sein Requiem.

Der Tod des Meisters erfolgte den 5. Dezember 1791, nach vollendetem 35. Lebensjahre. Kurz zuvor hatte er die Ernennung zum Kapellmeister an der Stephanskirche erhalten.

Norddeutschland hatte nicht einen ähnlichen Mittelpunkt der musikalischen Thätigkeit, wie es im Süden Wien war. Die geistliche Musik besaß nach Bach keinen bedeutenden Meister mehr, ward aber von protestantischen Schul- und Kirchenchören fleißig betrieben. In Berlin begünstigte allerdings Friedrich II. die Tonkunst, in Dresden war aber bis auf Weber's Wirksamkeit Alles italienisch. In Mannheim versuchte man vergebens Mozart zu halten.

Durch Gluck, Haydn, Mozart ward Wien der Mittelpunkt der

musikalischen Thätigkeit in Süddeutschland, zwar herrschte noch bis Joseph II. die italienische Musik vor und die großen deutschen Künstler hatten ebensowohl mit der Gehässigkeit der Welschen, als mit der Gleichgültigkeit der Landsleute zu kämpfen, aber es ist rühmend anzuerkennen, daß sie mindestens am Kaiserhofe und bei dem reichen Adel liebevolle Pflege fand, während Wissenschaft und Dichtkunst, weil vom protestantischen Geiste beseelt, in Oesterreich ein kümmerliches Dasein fristeten. Besonders thätig war man in der Oper, der ernsten wie scherzhaften, wie sie in Mozart's Zauberflöte zur edelsten Darstellung kam.

Auch die Kammermusik gewann durch die zahlreichen Privatkapellen des reichen Adels die glänzendste Ausbildung. Die Klaviermusik ward zu hoher Vollendung gebracht.

So geschah es, daß während jene großen Meister längst geschieden waren und nur noch deren Schüler in geringerer Kraft wirkten, Wien noch Jahrzehnte lang bis zu Beethovens Tode sich die musikalische Herrschaft bewahrte.

Wie Mozart in der Oper das Höchste geleistet hat, so nimmt Beethoven, das dritte Gestirn dieser Periode, in der Instrumentalmusik den ersten Rang ein. Er darf als die Blüthenkrone dieser mit ihm zum Abschluß gelangenden Musik-Epoche gelten.

Ludwig van Beethoven wurde geboren zu Bonn 1770, wo sein Vater Tenorist in der kurfürstlichen Kapelle war. Von diesem wurde er mit großer Härte behandelt, die schon früh ein trotziges Selbstgefühl, mißtrauische Abgeschlossenheit und Drang nach Freiheit in ihm erweckte. Im 15. Jahre trat Beethoven als Organist in die Kapelle seines Kurfürsten Max Franz, Bruder Kaiser Joseph II., und nahm 1792 seinen dauernden Aufenthalt in Wien; hier arbeitete er ununterbrochen als Componist mit dem angestrengtesten Fleiße, der liebevollsten Ausdauer.

Bis Anfang unsers Jahrhunderts lebte er im Umgange mit den Edelsten und Besten der freundlichen Kaiserstadt, aufgemuntert durch wohlwollende Theilnahme. Aber nun wendete sich sein Glück. Neid und Scheelsucht wirkten ihm entgegen, und um sein Leiden zu vollenden, stellte sich allmälig das bitterste Uebel seines Lebens, die Harthörigkeit ein, die später in völlige Taubheit überging. Im Jahre 1804 schrieb er während seines Sommeraufenthalts auf

V. Die deutsche Tonkunst der klassischen Epoche. 189

einem nahen Dorfe den Fidelio (Leonore). In kurzen Zwischen-
räumen bis zum Jahre 1808 erschienen die 4., 5. und 6. Symphonie. In das Jahr 1813 fällt die Veröffentlichung der 7. (A dur)
Symphonie, ferner das Tongemälde: „Die Schlacht bei Vittoria."
Im Jahre 1818—1819 begann er die Composition seiner
großen Missa solemnis, er arbeitete 3 Jahre daran. Inzwischen
erschienen mehrere seiner Claviersonaten und die 8. und 9. Symphonie. Der Eindruck, den die Aufführung der Missa solemnis
und der 9. Symphonie machte, war unbeschreiblich groß und herrlich, der Jubelruf enthusiastisch.

Beethovens letzte Lebensjahre waren der Ausarbeitung seiner
Streichquartette gewidmet. Er starb 56 Jahre alt den 26. März
1827. — Seine musikalischen Schöpfungen zerfallen nach Inhalt
und Form in 3 Perioden.

Die erste offenbart uns die volle Poesie und Gefühlsunschuld
des jugendlichen Gemüths; in ihr gibt Beethoven sich noch ganz
den Einwirkungen seiner Vorbilder Haydn und Mozart hin. Hierher gehören u. A. die beiden Symphonien in C und D.

Die zweite Periode, die der völligen Selbständigkeit, ist
die glänzendste und ergiebigste. Hierher gehören: die Symphonien
Eroica, A-dur, C-moll, die Pastoral-Symphonie und viele andere
Werke, sowie die herrliche Oper Fidelio. In der dritten und
letzten Periode tritt Beethovens Genius fesselloser, aber auch schwer
verständlicher und tiefsinniger auf. Die Symphonie F-dur, die
Missa solemnis, die neunte und letzte Symphonie und die letzten
Quartette gehören hierher.

Aus Beethovens letzten Werken spricht der Schmerz eines
Genius, der im Werthe seiner eigenen, geistigen Kraft die Unend-
lichkeit des Menschengeistes überhaupt erkennt und den Druck der
engen Begränzung, unter dem alles Menschliche seufzt, als unendlich lastend empfindet.

Am Ende seines Lebens stand der große Meister vereinsamt
in seiner zweiten Vaterstadt. Man hatte sich dem verführerischen
Sinnestaumel Rossinischer Melodien in die Arme geworfen.

VI. Die Musik des 19. Jahrhunderts.

In Frankreich kann bis auf Giovanni Battista Lully von der Musik als Kunst keine Rede sein. Er, ein geborner Italiener, componirte für Ludwig XIV. die erste Menuette, welche dieser zum Erstenmale im Jahre 1663 zu Versailles tanzte. Der große Denker Jean Jaques Rousseau (1712—78) zeichnete sich auch als Musikschriftsteller aus.

Nicolo Piccini ward der Abgott der Pariser, zu seiner Zeit trat Gluck in Paris auf und es entspann sich nun der berühmte Streit der Gluckisten und Piccinisten (Vertreter der italienischen Musik). Gluck erwarb sich bekanntlich durch seine Iphigenie den Siegerkranz.

Fast ganz der classischen deutschen Schule gehörte Luigi Cherubini an, einer der gediegensten und begabtesten Componisten aller Länder und Zeiten. Von Geburt war er ein Italiener, sein zweites Vaterland wurde Frankreich; er bildete sich ganz nach dem Vorbilde Mozart's, den er sehr ehrte, doch ist er nicht so reich und tief wie dieser. Sein „Wasserträger" hat die Runde durch die ganze Welt gemacht. Cherubini's Ouvertüren haben bleibenden Werth; auch in Deutschland fanden sie große Anerkennung. Als echte Künstlernatur hatte er stets das Edle, Erhabene vor Augen, und überließ sich den Eingebungen seines Genius, unbekümmert um den Beifall der Menge. Er starb 1842 zu Paris.

Ein anderer Meister italienischer Nation, an dem der deutsche Einfluß unverkennbar war, und der in Paris seinen Ruhm ebenfalls begründete, war Gasparo Spontini. Für dramatische Musik besaß er besonderes Talent. Gluck wurde sein Vorbild. Die Opern: „Die Vestalin," „Ferdinand Cortez," „Olympia" verschafften ihm europäischen Ruhm. Friedrich Wilhelm III. berief ihn zum General=Musik=Direktor nach Berlin. Hier machte er sich viele Feinde, weil er kein anderes Talent neben sich wollte aufkommen lassen. 1842 legte er sein Amt nieder und lebte in Paris. Er starb 1851 zu Majolati im Kirchenstaat. Spontini ist der Componist des Kaiserreichs, daher das pomphaft=heroische Element, das in seiner Musik überwiegt.

VI. Die Musik des 19. Jahrhunderts.

Einer der liebenswürdigsten, melodiereichsten und dabei gebiegensten Operncomponisten Frankreichs ist Adrien François Boieldieu, der blos für die Opéra-comique gewirkt und mustergültig für den Styl der feineren Conversationsoper geworden ist. Entschiedenes Glück machte seine Oper: „Der Chalif von Bagdad." 1803 wurde Boieldieu als kaiserlicher Kapellmeister nach Petersburg gerufen. Später kehrte er nach Paris zurück und componirte hier unter andern: „Das Rothkäppchen," „die beiden Nächte" und die Krone seiner Opern: „Die weiße Dame." Boieldieu starb 1834.

Die Italiener wurden nicht in dem Grade wie die Franzosen von der Gewalt der deutschen Musik ergriffen, dennoch konnten sie sich nicht ganz dem treibenden Geiste der Zeit entziehen. Sonderlich wurden von Mozart angeregt Righini, Kapellmeister zu Prag, Paër und Cimarosa. Die Folge davon war, daß die Oper im Ganzen eine etwas höhere Richtung nahm.

Fernando Paër trat in Napoleons Dienste als Direktor der italienischen Oper in Paris. Er starb daselbst 1839.

Für die komische Oper wirkten: Giovanni Paisiello und Domenico Cimarosa, ersterer war Kapellmeister in Petersburg, Neapel und Paris, starb 1816 und hat sich namentlich durch die weltbekannte Arie aus der Oper: „Die schöne Müllerin": „Mich fliehen alle Freuden," berühmt gemacht.

Ein neues Licht ging Italien, ja der ganzen Welt, auf in dem reichbegabten

Gioachimo Rossini, der nicht mit Unrecht der Melodieverschwender genannt wird. Genial, übersprudelnd von neuen Ideen, klug seine Zeit erfassend, mit den Leistungen des Auslandes in der Instrumentalmusik vertraut, wußte er Eigenes und Fremdes wie in einem Brennpunkte zusammen zu fassen. Seine Opern wurden Weltopern. Die große Menge der Musikfreunde, das Publikum von ganz Europa jauchzte ihm zu. Er hat namentlich durch seine Werke: Othello und Tell gezeigt, daß er mit italienischer Anmuth auch Tiefe und Gründlichkeit zu verbinden weiß. Besonders bekannt ist auch seine Oper: „Der Barbier von Sevilla." Kaum ist je ein Künstler mehr vergöttert worden, als er. Man wirft ihm vor, daß er der Janitscharenmusik das bleibende Bürgerrecht im Orchester gab. Ein großer Fehler besteht bei Rossini darin, daß er häufig die Wahrheit des dramatischen Ausdrucks dem sinnlichen Wohlklange opferte, daß er durch seine Trillerkünste und Effektpassagen die Menschenstimme zum Concertinstrumente herabwürdigte, daß er mehr für die Gunst, als für die Kunst schrieb. Daher ist es eben Rossini, der trotz seiner ausgezeichneten Gabe und Leistungen viel beigetragen hat zum Rückgange der Musik, zum schlechten Geschmack, seelenlosen Ohrenkitzel, einschläfernden Sinnenreiz. Den Höhepunkt seiner Leistungen erreicht die Oper „Wilhelm Tell" in dem prächtigen Finale der Rütli-Scene des zweiten Akts. Mit diesem Werke hat Rossini seine Thätigkeit als dramatischer Componist abgeschlossen.

Gewiß ein seltenes Beispiel von Charakterstärke, daß ein Künstler auf dem Höhepunkte seines Ruhmes freiwillig seinem Schaffen ein Ziel setzt. Nur noch einige Kleinigkeiten hat er veröffentlicht.

Ausgezeichnetes wurde in der Pianoforte-Musik geleistet von Muzio Clementi, dem Vater der neuen Kunst des Clavierspieles, gleich trefflich als classischer Componist, wie als Virtuose. Seine drei Sonaten in C, A, B begründeten in dieser Musikgattung eine neue Epoche und sind die Grundlagen der modernen Claviersonaten. Sein musterhafter Gradus ad Parnassum ist eines der trefflichsten Etüden-Werke, die wir besitzen, eine systematische, vom Leichten zum Schwersten fortschreitende Folge von Studien, die für die höhere Ausbildung im Clavierspiel unentbehrlich sind.

In der Gesangeskunst hat Italien seinen alten Ruhm bis auf die Neuzeit behauptet. Unter den Sängerinnen nimmt die berühmte Angelica Catalani, eine der größten Sängerinnen, die je gelebt, den ersten Rang ein. Sie starb 1849.

In unserm Vaterlande fand, wie zu erwarten war, Mozart zahlreiche Nachfolger. Die Bahn war gebrochen, und ein reges Leben entwickelte sich nach allen Seiten; sowohl auf die Oper, wie auch auf die Pianoforte-Musik war Mozart's Einfluß bedeutungsvoll. Wie aus Clementi's Schule der Komponist der unsterblichen Etüden, J. B. Cramer († 1858) hervorging, so wurde Mozart's Richtung von seinem Schüler Joh. Nep. Hummel († 1837 als Kapellmeister zu Weimar) fortgepflanzt und weiter ausgebildet. Ihm zur Seite steht Ignaz Moscheles, Professor des Leipziger

VI. Die Musik des 19. Jahrhunderts.

Conservatoriums. Ist der Hummel'schen Musik mehr das Gemüthliche eigen, so zeigt sich in den Compositionen von Moscheles vorwiegend die Reflexion.

Noch sind unter den Pianofortekünstlern und Componisten dieser Zeit zu nennen: **Friedr. Kalkbrenner** † 1849, **Carl Czerny** † 1857, **H. Herz**, geb. 1803, alle Drei sind Deutsche. Kalkbrenner und Herz französirten sich aber, sowohl dem Wohnorte als der Compositionsweise nach. Jener Hummel'schen musikerfüllten Virtuosität trat so mit Kalkbrenner die moderne Virtuosität im einseitig Technischen, formell Abgeglätteten, gegenüber. Der zu immer größerem Glanz gebrachte Mechanismus florirte.

Das deutsche Lied beginnt sich erst zu entfalten, seitdem die deutsche Dichtkunst ihm würdigere Stoffe zuführte. Mozart und Beethoven haben für dasselbe wenig gethan, dennoch haben sie manches immergrüne Blatt dem unverwelklichen Kranze deutscher Gesangeslyrik eingeflochten, z. B. Mozart's liebliche Composition des „Veilchens" von Göthe. Beethoven's „Adelaide," seine „schottischen Lieder," „der Liederkreis an die Geliebte" und Gellert's „geistliche Lieder," sie sind immer eine herrliche Bereicherung unsers Gesangschatzes, aber an Innigkeit und Anmuth erreichen sie nicht jene Lieder, die der Meister in den Adagio's seiner Symphonien und Sonaten singt.

Noch mancher andere deutsche Tondichter hat dem deutschen Liede seine Kraft zugewendet, so F. H. **Himmel**, gest. 1814, z. B.: „An Alexis send ich Dich" oder die Lieder seiner melodiereichen Operette Fanchon.

Zwei Tondichter wandten sich fast ausschließlich den Göthe'schen Liedern zu: **J. Fr. Reichardt**, Hofkapellmeister in Berlin, und **Karl Friedr. Zelter**, Stifter der Singakademie in Berlin, Göthe's innigster Freund, gest. 1832. Das Göthe'sche Lied quillt so unmittelbar aus dem unendlich reichen und tiefbewegten Innern des Dichters heraus, in den Worten selbst liegt schon eine so bezaubernde Sprachmelodie, daß der Componist dieser nur nachzugehen braucht, um einen reizenden Gesang zu erfinden. Reichardt hat in dem: „Sah ein Knab' ein Röslein stehn," „Die Trommel gerührt," ja selbst in dem Liede Klärchens: „Freudvoll und leidvoll" die

Verschmelzung von Volksweise und bezeichnendem Ausdruck so vollständig erreicht, daß die Wiedergabe dieser Lieder unübertroffen ist, dagegen verleiht Zelter durch reichere Harmonie und gewähltere Clavierbegleitung seinen Liedern einen eigenthümlichen neuen Reiz.

Sein Blüthenalter erreicht das deutsche Lied, als die glorreiche Beendigung der deutschen Freiheitskriege frische frohe Sangeslust in den Deutschen mächtig angeregt hat. Franz Schubert hat dieses schöne deutsche Eigenthum auf die Höhe der Vollendung gehoben.

F. Schubert war in Wien geboren, und hat auch meistentheils dort gelebt, im elterlichen Hause (der Vater war Lehrer). Er starb schon 1828 in einem Alter von 32 Jahren. Erst nach seinem Tode erkannte man in ihm den tiefen Meister. Besonders sind es seine Lieder und Balladen, die seinen Namen unsterblich gemacht haben. Er hat deren trotz seines frühen Todes, gegen 400 in Musik gesetzt, z. B.: „Erlkönig," „Lob der Thränen," „das Ständchen," „der Wanderer," „hör die Lerche," „gute Nacht," die Müllerlieder, die Winterreise 2c. 2c.

Unter seinen Symphonien glänzt besonders die C-dur hervor. Der Zahl nach ist sie die siebente. Schubert hat eine unglaubliche Thätigkeit für den Raum eines zweiunddreißigjährigen Lebens entwickelt. Vor Allem ist er der bis jetzt noch unübertroffene Schöpfer des deutschen Liedes.

Wir gehen über zu der romantischen Schule der Tonkunst und verstehen darunter diejenigen Tonsetzer, die sich nicht unmittelbar den durch die Classiker gebildeten Formen anschlossen, sondern in einem freieren Geiste schufen. In der Musik hatte das bunte Farbenspiel, der dämmernde Mondenschein, das Waldesgrün des Romantischen einen weiten Spielraum, und es wurde dadurch ein großer Reichthum von neuen Rhythmen, Melodien, Harmonien und Klangfarben erzeugt, der schon in Beethoven's Tongemälden sich zeigt und von den Nachfolgern weiter ausgebildet wurde.

Waren früher die Opernsujets der altclassischen Mythologie entlehnt, so mußte jetzt das ritterliche, mährchenhafte Mittelalter die Stoffe liefern.

VI. Die Musik des 19. Jahrhunderts.

In der ersten Reihe dieser Romantiker stehen: **Spohr, Weber, Marschner.**

Ludwig Spohr, Sohn eines Arztes in Braunschweig, zeigte schon als Kind große Vorliebe für die Musik; in seinem 15. Jahre wurde er vom Herzog zum Kammermusikus ernannt. Im Jahre 1804 machte er die erste selbständige Kunstreise durch Deutschland, und gründete seinen Ruf eines vollendeten Meisters auf der Geige, in Folge dessen er zum Kapellmeister nach Gotha berufen wurde. Hier verheirathete er sich mit der Tochter eines herzoglichen Kammermusikus, die eine treffliche Künstlerin auf der Harfe war. Sie begleitete den Gatten auf allen Reisen und erwarb sich selbst großen Ruhm. 1813 folgte er einer Ernennung als Kapellmeister nach Wien, und als hier der Congreß die glänzendste und vornehmste Gesellschaft versammelte, war Spohr ein Mann des Tages. Er lieferte ein Oratorium: „Das befreite Deutschland" und die Oper „Faust." — Nach einer Reise nach Italien, die einem Triumphzuge glich, nahm er die Stelle eines Musikdirektors in Frankfurt an, er schrieb die Oper: „Zemire und Azor" (mit dem reizenden Liede: Rose, wie bist du so reizend und mild). Vergebens suchte man Spohr auf einer Reise nach England in London zu fesseln, er kehrte zurück nach Deutschland und wurde 1822 Hofkapellmeister in Kassel. Hier stiftete er den Cäcilienverein. Es entstanden nach und nach 6 Symphonien von ihm, Sonaten und andere Stücke für Pianoforte und Violine; die Opern: „Jessonda," „der Berggeist," „Pietro von Abano," „der Alchymist," „die Kreuzfahrer;" die Oratorien: Die letzten Dinge, des Heilands letzte Stunden, der Fall Babylons, Vater unser; außerdem Psalme und andere Kirchenmusik, viele Lieder und Gesangstücke. In den letzten Jahren seines Lebens hinderten ihn schwere körperliche Leiden am Componiren. Er starb 1859. Das Grundwesen der Compositionen Spohr's ist das Elegische, und im Zusammenhang damit steht bei allem Adel der Empfindung ein gewisser weicher, sentimentaler Zug, von dem alle Tongebilde Spohrs mehr oder weniger erfüllt sind. Zugleich aber athmen seine Werke den Hauch einer reinen, edlen und oft schwungvollen Empfindung.

Carl Maria von Weber ist jedenfalls der volksthümlichste unter den deutschen Componisten. Er ist geboren 1786 in Eutin, genoß eine sorgfältige Ausbildung in Salzburg und München, hielt sich längere Zeit in Wien auf und folgte 1803 einem Rufe als Theaterdirektor nach Breslau. In diese Zeit fällt die Composition der Oper „Rübezahl." 1806 ging er nach Karlsruhe als Kapellmeister, bald aber vertrieben ihn dort die Kriegsunruhen und er begab sich auf Reisen, besuchte Berlin, Weimar, Wien, war 1813 bis 16 in Prag. Während dieser Zeit entstanden seine trefflichen Compositionen der Körnerschen Freiheitslieder, er componirte dann in Berlin drei seiner schönsten Pianoforte=Sonaten. Endlich 1817 kam ihm die Berufung nach Dresden als Kapellmeister und diese Stellung bekleidete er bis zu seinem Tode. Die Dresdener Oper gelangte unter seiner Leitung zu hoher Blüthe. 1807 hatte Weber sich mit der vortrefflichen Schauspielerin Caroline Brandt verheirathet, welcher er auch sein berühmtes Klavierstück: „Aufforderung zum Tanze" widmete. Die Zeit seines Aufenthalts in Dresden ist die glänzendste, leider nur zu kurze Periode seines Schaffens. Die Musik zum Schauspiel „Preziosa," die Opern „Freischütz," „Euryanthe," „Oberon," sind die hervorragendsten Leistungen seiner Thätigkeit.

Weber starb in London 1836, nachdem er unter unendlicher Mühe seinen „Oberon" zur Aufführung dort gebracht.

Weber umfaßte nicht allein alle Zweige der Tonkunst mit großer Meisterschaft, sondern war auch einer der gebildetsten, geistreichsten Männer seiner Zeit, ein gewandter Schriftsteller. Als Componist hat er sein Genie am glänzendsten in seinen meisterhaften Ouvertüren entfaltet. Sie sind an Feuer, lebendigem Fluß der Phantasie und gediegener Verwendung der Orchestermittel unübertroffene Kunstwerke. Als dramatischer Tonsetzer richtete er sein Streben darauf, die Charaktere seiner Opern in ihren eigensten Zuständen durch alle Momente zu verfolgen; es gelingt ihm nicht allein, ferne Zeiten und fremde Zonen charakteristisch zu schildern, sondern auch das Gebiet der heiteren Wunderwelt mit ätherischen Wesen zu beleben. Vom volksthümlichen Dämonisch=Phantastischen (im Freischütz) ausgehend, erhob er sich zum Ritterlich=Romantischen (in der Euryanthe) und von da in das Reich der Elfenwelt (Oberon), die Niemand so bezaubernd darzustellen wußte, wie er.

VI. Die Musik des 19. Jahrhunderts.

In seinen rhythmisch anziehenden und frischen Tonweisen näherte sich Weber der französischen Compositionsart (Cherubini).

Der dritte Meister der sogenannten romantischen Schule, **Heinrich Marschner**, war in Zittau geboren. Obgleich seine musikalische Begabung sich schon in früher Jugend zeigte, so wurde die Musik doch nicht sofort von ihm als Lebensberuf erwählt, vielmehr studirte er noch 1816 in Leipzig die Rechte, aber hier faßte er den Entschluß, sich der Musik ausschließlich zu widmen, und nun führten ihn seine Studien nach Wien, Preßburg, Pesth.

Seit 1822 nahm Marschner seinen Wohnsitz in Dresden, wo der 10 Jahre ältere Weber ihn sehr freundlich aufnahm. Im folgenden Jahre wurde er Direktor der italienischen Oper in Dresden. 1826 vermählte er sich mit einer berühmten Sängerin Marianne Wohlbrück. Zu der nun zunächst erscheinenden Oper „**Vampyr**" lieferte sein Schwager den Text nach einer angeblich Byron'schen Erzählung. 1829 vollendete er die Oper: „**Der Templer und die Jüdin**," nach dem Roman von Scott „Ivanhoe."

1831 finden wir Marschner als Hofkapellmeister in **Hannover** und seine nächste bedeutende Arbeit war: „**Hans Heiling**" mit Text von Eduard Devrient, damaligem Opernsänger in Berlin. Mit diesen drei Opern (Vampyr, Templer und Heiling) war Marschners Bedeutung für die Bühne abgeschlossen, er lieferte nur noch untergeordnete Sachen, zog sich allmählig zurück, ging 1860 nach Paris und starb 1861 in Hannover.

Ueberall in Marschners Hauptwerken tritt seine Begabung für die Liederform uns entgegen. Die Romanze auf das stolze England ist volksthümlich in Deutschland geworden. Marschners Lieder sind in der Gesangwelt weit verbreitet, z. B. die Lieder des Orients nach den Dichtungen von Stieglitz, die hebräischen Gesänge nach Byrons Texten und die herrlichen Lieder des Griechen-Müller.

Solche Muster mußten Nachahmung finden, die deutschen Operncomponisten der letzten 30 Jahre stehen auf ihren Schultern, sowie diese sich auf Beethoven und Mozart stützten. Unter ihnen sind zu nennen: **Conradin Kreutzer**, † 1849 (Nachtlager von Granada), **Carl Gottlob Reißiger**. Der vorzüglichste Schauplatz seiner Thätigkeit war Dresden, wo er seit 1826 Kapellmeister des Königs war. In diesem Jahre componirte er eine Messe und das Melo=

dram Yelva, sowie das Melodram: „Die Felsenmühle" mit meisterhafter Ouvertüre. Als Liedercomponist hat er sich einen Weltruf erworben. † 1859.

Von Friedr. v. Flotow haben wir Stradella, Martha, Indra, Opern eines leichten, anmuthigen Genres.

Die komische Oper fand ihren Hauptvertreter in Alb. Lortzing, seit 1833 in Leipzig; mit seinem „Czaar und Zimmermann" brach er sich Bahn durch ganz Deutschland. † 1851.

Paris hat seit 3 bis 4 Jahrzehnten die Bedeutung der wichtigsten musikalischen Weltstadt erlangt. Nicht allein haben hier alle wirklich hervorragenden Leistungen auf musikalischem Gebiete Anerkennung und Bürgerrecht gefunden, Paris ist auch der Wohnsitz einer zahlreichen Reihe musikalischer Celebritäten geworden. Alle bedeutenderen italienischen Operncomponisten der neueren Zeit haben in Frankreich ein zweites Vaterland gefunden, von deutschen Meistern besonders Meyerbeer, der daher auch gewöhnlich den Franzosen beigezählt wird. Er war der Sohn eines jüdischen Banquiers in Berlin, ein Schüler Zelters. Seine weitere Ausbildung fand er in Darmstadt. Hier componirte er unter andern die Oper Jephta. 1814 erregte er als Pianist allgemeines Aufsehen. Als Rossini's glänzendes Gestirn auftauchte, eilte er nach Italien, fand aber nur vorübergehenden Beifall. Meyerbeer schwieg mehrere Jahre, dann wandte er sich an Eugene Scribe wegen eines Operntextes und componirte „Robert le Diable." 1831 ging die Oper in Paris in Scene. Der Erfolg war beispiellos. — Sechs Jahre später folgten die Hugenotten, welche gleich „Robert dem Teufel" die Reise über alle Bühnen der Welt machten, 1842 wurde Meyerbeer an Spontini's Stelle als General-Musikdirektor nach Berlin berufen. 1849 veröffentlichte er den „Propheten."

Außerdem hat Meyerbeer Lieder und Gesänge (meist mit französischem Text) und andere Gelegenheitssachen componirt. Seine Leistungen sind nicht unangefochten geblieben und die Vorwürfe, die man ihm macht, sind nicht unbegründet. Der Zweck seines Schaffens sei nur, heißt es, zu reizen und zu blenden, sein Ziel sei: Beifall der Menge. Sein Schaffen beruhe nicht in einer hohen und heiligen Begeisterung für die Kunst. Jedenfalls hat er die Darstellungsmittel auf's höchste gesteigert, aber durch Uebertreibungen jeder Art, grelle Effekte, raffinirte Instrumentation, massenhafte Ueberladung die Wahrheit und Schönheit oft verletzt und den Grund zur Verwilderung des dramatischen Gesanges gelegt. Sein bestes Werk sind jedenfalls die Hugenotten. Schwach dagegen „Dinora" und die „Afrikanerin."

Neben Meyerbeer müssen wir noch Auber nennen, wenn auch kein ursprüngliches Genie, ist er doch ein frisches, ergiebiges Talent, das die französische Nationalität, namentlich in der komischen Oper, gegen die eindringende Uebermacht der Italiener gerettet hat. Er wurde Cherubini's und Boieldieu's Schüler, lebt seit 1824 in Paris. Bekannt ist er durch die Opern: „Fra Diavolo," „Die Stumme von Portici," „Maurer und Schlosser," „Des Teufels Antheil." 1857 wurde Auber Hofkapellmeister Napoleons III.

Für die Entwicklung der gesammten musikalischen Kunst nicht allein in Frankreich, sondern auch in Deutschland wurde Hector Berlioz von großer Bedeutung. Er ist als der Grundstein der neuromantischen Richtung zu betrachten. Schon als Knabe fühlte er sich unwiderstehlich zur Musik hingezogen, und da sein Vater ihm die Mittel des Unterhalts entzog, mußte er schon früh durch Musik sein Brod verdienen. Die „Sinfonie fantastique" (von Liszt für das Pianoforte eingerichtet) machte großes Aufsehen. Bald nachher schrieb er die „Cantate Sardanapal," später folgte „Sinfonie mélodique." Als Kritiker nimmt Berlioz einen hohen Rang ein. Berlioz fußt auf Beethoven, da wo dieser aufhört, knüpft Berlioz an und gibt nun Tongemälde auf breitester Basis. Seine neueste komische Oper: „Beatrice und Benedict" ist nach Shakespeare's: „Viel Lärm um Nichts," vom Componisten selbst bearbeitet, 1862 zur Aufführung gekommen.

In der neuesten Zeit hat C. F. Gounod auch in Deutschland Aufsehen erregt. Sein bedeutendstes Werk ist: „Faust und Margaretha," welches seinem Namen auch in Deutschland Ruf gebracht hat.

Die Kammermusik in Frankreich fand einen ausgezeichneten Vertreter in George Onslow, einem der gediegensten Tonsetzer der Neuzeit. Er war von Geburt ein Engländer, doch wurde Frankreich seine Kunstheimath. Er starb 1853.

In die Pianofortemusik brachte der Pole Friedr. Franz

Chopin, † 1849, der ebenfalls den Franzosen beizuzählen ist, einen außerordentlichen Umschwung, so daß er für den Gründer einer neuen Art des Clavierspiels, der romantischen, die von Liszt, Henselt und Thalberg weiter ausgebildet wurde, gelten kann. Er war Meister des Salonspiels. Seine Compositionen unterscheiden sich durch allerlei neue Schwierigkeiten, besonders durch weitgriffige Begleitung, schwierige Handlagen, seltsame Fingersetzungen. Er verbindet größte Zartheit und Feinheit des Ausdrucks mit wahrer Originalität und einem oft exotischen Zauber der Stimmung.

In Italien, der Wiege der schönen Künste, scheint die Musik dem allmähligen Verfall sich zu nähern. Der hohe, heilige Ernst ist aus der heutigen italienischen Musik fast ganz verschwunden. Die Oper ist gegenwärtig das einzige Feld des Schaffens für Italien, aber auch auf diesem Gebiete muß es zurückstehen, selbst gegen seine jüngste Vergangenheit, in welcher Bellini und Donizetti noch den alten Ruhm Italiens aufrecht hielten.

V. Bellini † 1835 in der Nähe von Paris. Die bekanntesten seiner Opern sind: Die Nachtwandlerin, Beatrice di Tenda und Norma; in letzterer erreicht er den Höhepunkt des Schaffens. In Paris schrieb er 1833 die Puritaner. Er ist besonders glücklich im elegischen Ausdruck, weniger im pathetischen. Sein Verdienst besteht darin, daß er der Rossinischen Ueberladung eine größere Einfachheit entgegensetzte, obgleich er selbst jenem Talente weit nachsteht.

G. Donizetti ist glücklicher im Komischen als im Sentimentalen. Die thränenreiche Gefühlsschwärmerei Bellinis ist bei ihm weniger vorherrschend. Die gelungensten seiner Opern sind: Der Liebestrank, die Tochter des Regiments, Lucia, Lucretia Borgia, Belisar. Er starb 1848 in Paris, geisteskrank.

Am wenigsten Gutes läßt sich von dem Vielschreiber G. Verdi sagen, obgleich in seinen Opern nicht selten Funken des Genies blitzen. Von ihm ist Nebucadnezar, Hernani, Rigoletto, der Troubadour u. s. w.

Unter den Instrumentalkünstlern Italiens aus der neueren Zeit ist nur ein bedeutender, aber ein Phänomen ohne Gleichen zu nennen, Nicolo Paganini, der genialste und größte Geiger, der je gelebt, † 1840 zu Nizza. Paganinis „Carneval in Venedig" ist in der ganzen Welt bekannt.

VI. Die Musik des 19. Jahrhunderts.

In Deutschland treten Mozart und der Classicismus nun allmälig in den Hintergrund, die trefflichen Eigenschaften jener alten Meister, die bis dahin mustergültig waren, werden bei Seite geschoben. Die Neuzeit stellt neue Gesetze auf. Die frühere Naivetät geht verloren, jenes gesunde, freudige, durch Zweifel unbeirrte Schaffen.

An der Grenze der alten und neuen Zeit stehen Mendelssohn und Schumann, jener sich noch der classischen Form anschließend, dieser schon manches moderne Element in sich aufnehmend und überhaupt eine freiere Richtung anbahnend.

Felix Mendelssohn-Bartholdy, Enkel des berühmten jüdischen Philosophen Moses Mendelssohn, wurde 1809 in Hamburg geboren. Von seinem dritten Jahre an war Berlin seine Heimath, wo seine Eltern ihren Aufenthalt bleibend nahmen. Früh entwickelte sich hier sein musikalisches Genie, unter Anleitung von Zelter und Berger; daneben wurde seine wissenschaftliche Ausbildung nicht versäumt. Nachdem Mendelssohn schon früher mit dem Vater eine Reise nach Paris gemacht hatte, finden wir ihn 1829 in London, wo seine Ouverture zum „Sommernachtstraum" zur Aufführung kam. Der junge Meister wurde mit Beifall überschüttet. Dieser Reise folgte bald eine zweite nach Italien; 1837 in Rom componirte er „die erste Walpurgisnacht." 1834 leitete er mit dem Dichter Immermann das Theater zu Düsseldorf, und es entstand der größte Theil des „Paulus," auch viele „Lieder ohne Worte."

Mit der Uebersiedelung nach Leipzig beginnt in Mendelssohns Leben die Periode, in welcher er als Künstler seinen Höhepunkt und zugleich die allseitige Anerkennung Deutschlands, ja der ganzen gebildeten Welt erreichte. Hier vollendete er den Paulus, 1837 verheirathete er sich mit der Tochter eines reformirten Predigers zu Frankfurt. Von der Leipziger Universität wurde er zum Doctor creirt und 1841 vom Könige von Sachsen zum Capellmeister ernannt, jedoch folgte er bald darnach dem Rufe seines Königs als Capellmeister nach Berlin, und dieser neuen Stellung verdanken wir mehrere seiner ausgezeichnetsten Werke, indem der König die Idee in ihm anregte, die antike Tragödie mit Musik in Scene zu setzen, so die „Antigone" von Sophokles, „Athalie" von Racine.

Schon 1841 kehrte Mendelssohn nach Leipzig zurück, wo ihm das Leben mehr gefiel. In das Jahr 1842 fällt seine A-moll=Symphonie. Hauptsächlich durch seine Bemühung wurde 1843 in Leipzig ein Conservatorium in's Leben gerufen, und Moscheles als Lehrer an demselben angestellt. Obgleich nun der König von Preußen 1843 Mendelssohn zum Generalmusikdirektor in Berlin ernannte, und sich ihm sowohl in der Leitung des Berliner Domchores, wie der Symphonienconcerte ein erwünschter Wirkungskreis eröffnete, nahm er doch schon 1844 seinen Abschied und ging nach England, wo er seinen „Elias" aufführte. Nach seiner Rückkehr von dort 1846 begann er zu kränkeln, der Tod seiner geliebten Schwester Fanny schlug ihm tiefe Wunden. Vergebens suchte er 1847 in der Schweiz Heilung, schon im Herbste desselben Jahres starb er in Leipzig. Das Oratorium „Christus" und die Oper „Loreley" blieben unvollendet.

Seine letzte Tondichtung war das Eichendorf'sche Lied: „Vergangen ist der lichte Tag."

Mendelssohn ist der Componist der feinen, gebildeten Gesellschaft. Rein wie sein Wesen war seine Harmonie. Indem er die ästhetische Liederlichkeit der modernen Salonstücke sittigte und zügelte, erwarb er sich ein entschiedenes Verdienst um Reinigung des Geschmackes. Er setzte seine Lebensaufgabe in das Streben, die strengen, edlen Formen der alten Meister wieder zu Ehren und Würden zu bringen. Von den Schönheiten der Mendelssohn'schen Musik ist sonderlich hervorzuheben die geistvolle Tonmalerei, z. B. in den Ouverturen zum **Sommernachtstraum,** die **Hebriden, Meeresstille und glückliche Fahrt.** Von seinen Claviercompositionen sind besonders die **Lieder ohne Worte** sehr verbreitet. Manche seiner trefflichen Lieder sind zu echten Volksliedern geworden, z. B.: „Wer hat dich du schöner Wald," „Es ist bestimmt in Gottes Rath." Unter seinen Symphonien ist die A-dur die vollendetste.

Sehr bedeutend steht Mendelssohn in den Oratorien Paulus und Elias da, die den ersten Rang unter den neueren Oratorien behaupten. Wir scheiden von ihm als von dem letzten Vertreter des Classicismus in der Musik.

Robert Schumann, dieser hochbedeutende Tondichter, wurde

VI. Die Musik des 19. Jahrhunderts.

1810 zu Zwickau geboren. Er entschied sich erst während er in Leipzig studirte dafür, die Musik zum Lebensberufe zu wählen. Den nachhaltigsten Einfluß auf Schumanns Thätigkeit und Entwicklung übte Clara Wieck, seine nachmalige Gemahlin. In den Jahren seiner Verlobung schrieb Schumann die Mehrzahl seiner trefflichsten Lieder, „Liederkreis, Frauenliebe und Leben," „Dichterliebe;" auch andere bedeutende Musikstücke: Symphonie in B-dur, Ouverture, Scherzo und Finale in E-dur, Symphonie in D-moll u. s. w. 1843 entstand sein umfangreichstes Werk, das romantische Oratorium: „das Paradies" und „die Peri"; Phantasiestücke, Kinderscenen. 1844 unternahm Schumann mit seiner Gattin eine Kunstreise nach Rußland. Nach ihrer Rückkehr siedelten sie sich in Dresden an. Schon früher waren bei Schumann Spuren eines Gehirnleidens vorgekommen; dieser Zustand kehrte 1845 wieder, wurde aber noch einmal glücklich beseitigt, und die folgenden Jahre waren wieder productiv für die Musik: C-dur Symphonie; Oper Genoveva; Musik zu Byron's Manfred; Faustmusik. In ihnen tritt ein großartig düsterer, tragischer Zug mehr und mehr in den Vordergrund.

Nach wenigen Jahren verfiel er in völlige Geisteskrankheit und starb 1856.

Schumann vereinigt schaffendes und kritisches Talent. In seinen späteren Compositionen ist ein düstres Pathos vorherrschend, während in den früheren eine oft höchst anmuthige, feine, manchmal auch tief innige, romantische Stimmung vorwiegt. Neben Schubert ist er der glänzendste Vertreter des deutschen Liedes, das er bis in seine innersten seelenvollsten Tiefen verfolgt. Erschütternde Wahrheit der Leidenschaft und naive Innigkeit stehen ihm gleichmäßig zu Gebote. Zu den duftigsten Blüthen seiner Lyrik gehören „Dichterliebe, Frauenliebe und Leben," „Myrthen" u. a. Das Hauptgewicht fällt überall auf die poetische Auffassung, auf die feine Ausarbeitung des Einzelnen, auf den Reichthum an frappanten, harmonischen Combinationen, ebenso wie bei Berlioz und Chopin. Trefflich sind auch seine Compositionen für Kammermusik, Trios, Quartetten und Quintetten.

Durch Schubert, Mendelssohn und Schumann ward das deutsche Lied auf den Gipfel der Vollendung erhoben. Die Lust am Liede warb fortan im Volke immer allgemeiner, und eine große Zahl anderer deutscher Componisten wandten sich dieser Musikgattung mit Eifer zu. Namentlich hat Robert Franz sich fast ausschließlich auf dem Gebiet der Gesangslyrik schöpferisch bewegt. Wilhelm Taubert ist ausgezeichnet in seinen reizenden Klängen aus der Kinderwelt. Franz Abt, bekannt durch seine innig empfundenen Lieder: „Wenn die Schwalben heimwärts zieh'n;" Friedrich Kücken: „O, wär ich doch des Mondes Licht."

Tüchtiges wurde auf dem Gebiete der Kirchenmusik geleistet; namentlich nimmt Ferdinand Hiller unter den Meistern der Neuzeit eine achtungswerthe Stellung ein. Er ist in allen Gattungen thätig gewesen als geistreicher Musiker; was er gibt, ist interessant, ohne daß es eine wahrhaft tiefe Wirkung hervorbringt. 1836—1837 leitete er in seiner Vaterstadt Frankfurt den Cäcilien-Verein, dann ging er nach Italien. 1839—40 war er bei seinem Freunde Mendelssohn in Leipzig, wo er sein Oratorium: „Die Zerstörung Jerusalems" mit Erfolg aufführte. 1853 nahm Hiller die Stelle eines Musikdirektors in Köln an. Sein neuestes Werk ist „Saul."

Robert Schumann in Verbindung mit Mendelssohn hat für die Pianofortemusik eine Art neuer klassischer Epoche hervorgebracht, welche in der Virtuosität am reinsten von Clara Schumann, geb. Wieck, repräsentirt wird. Dieser Richtung gehören auch an: Reinecke, Gräbener, Markull u. ä.

Elegante Saloncompositionen haben wir von Schulhof in Dresden, Spindler in Dresden; Tebesco seit 1850 Hof-Pianist des Großherzogs von Oldenburg, Oesten in Berlin, Beyer in Mainz, Cramer in Frankfurt u. a.

Für Unterrichtszwecke componirten: Kuhlau † 1832 in Kopenhagen, Czerny † 1857, Alois und Jakob Schmitt, Hünten seit 1847 in seiner Vaterstadt Coblenz. Köhler, Bertini, Diabelli u. s. w.

Die Virtuosität im Gesange hat hinsichtlich dessen, was man schönen Gesang nennt, seit dreißig Jahren Rückschritte gemacht. Dagegen hat die Gesangkunst im dramatischen Ausdruck wesentlich gewonnen, wie dies auch bei der neuen Richtung der Opernmusik begreiflich. Wahrhaft groß im dramatischen Ausdruck, genial in

VI. Die Musik des 19. Jahrhunderts.

künstlerischer Auffassung steht unter den Sängerinnen Wilhelmine Schröder-Devrient († 1860) da. Ihr Stern begann seine glänzende Laufbahn, als ein anderes Meteor am Theaterhimmel, Henriette Sontag (nach ihrer Verheirathung mit dem Grafen Rossi) sich von der Bühne zurückzog. War die Schröder-Devrient besonders in der Darstellung der Leidenschaft Meister, so entfaltete sich dagegen das Talent der Sontag am hinreißendsten in heitern, schelmischen, graziösen Rollen. H. Sontag starb 1854 in Mexico an der Cholera. Die schwedische Nachtigall Jenny Lind dürfen wir auch den deutschen Sängerinnen beizählen.

Unsere Zeit ist in eine Periode der Gährung, des rastlosen Vorwärtsstrebens, des Kampfes gegen das Hergebrachte getreten, und die Tonkunst ist von dem drängenden Treiben der Zeit nicht unberührt geblieben. So wie die Literatur ihre Sturm- und Drangperiode hatte, so erleben wir jetzt eine solche in der Musik, jedoch mit dem Unterschiede, daß jene in der Literatur dem klassischen Zeitalter vorausging.

Seit den letzten Jahrzehnten regte sich in der musikalischen Composition ein sehr emsiger Geist, welcher feindselig gegen die bisherigen Kunstregeln auftrat. Die von den Meistern einer früheren Zeit aufgestellten und als allgemein gültig anerkannten Schranken zwischen den einzelnen Gestaltungen der Compositionen werden umgestoßen, und die verschiedenen Musikgattungen ineinander verschmolzen, so daß ganz neue Formen entstehen. In der Gestalt der Oper bereiten sich ebenfalls wesentliche Veränderungen vor. Französische Textdichtungen wichen von der bisherigen Einfachheit des Opernsujets gewaltig ab und schufen große dramatische, mit allen Effektmitteln der Scenerie ausgestattete Gemälde, die nur das mit den früheren Operndichtungen gemein hatten, daß sie zum großen Theil ebenso zusammenhanglos, ja mitunter noch widersinniger waren. So entstanden jene großen, an blendenden Effekten alles Frühere überbietenden Opern von Auber, Meyerbeer ꝛc.

Richard Wagner, jedenfalls eine der interessantesten Erscheinungen unter den Tonkünstlern der Neuzeit, hat sich die Aufgabe gestellt, der Reformator der Oper zu werden. Früh hatte er sich der Musik gewidmet, größere Bedeutung aber gewann erst seine Oper Rienzi, die er im Sommer 1839 in Paris vollendete, so auch „Der fliegende Holländer." Anderweitige größere Arbeiten während eines längeren Aufenthaltes in Dresden sind die Oper „Tannhäuser, oder der Sängerkrieg auf der Wartburg," „Lohengrin." Die politischen Stürme 1848—49 nöthigten Wagner, Dresden zu verlassen und erst 1862 wurde er amnestirt. Neuerdings entstand „Tristan und Isolde." In der Zwischenzeit lebte er theils in Paris, theils in der Schweiz, war auch einmal in London und Venedig. Wagner hat sich gleichzeitig ausgezeichnet als Schriftsteller, Operndichter und Operncomponist. Seine drei Schriften: Kunst und Revolution; das Kunstwerk der Zukunft und Oper und Drama offenbaren Wagners Streben: die ganze Oper in eine fortlaufende Declamation zu verwandeln und alles, was dem Fortschritte der Handlung hinderlich ist: Arien, Duette, Finale zu entfernen, dagegen wendet er das Recitativ abwechselnd mit dem Arioso an. Die Chöre verwebt er mit der Oper. Gewiß wird Wagners Streben nicht fruchtlos für die weitere Entwicklung bleiben; aber seine eignen Werke, so reich sie an neuen Wirkungen sind, gehen zu sehr darauf aus, die Musik zu Gunsten der Poesie und der gesammten Inscenirung zu entthronen. Statt der wohldurchdachten kunstvollen Gliederung der Opern unsrer besten Meister bieten sie ein ununterbrochenes Gemisch deklamatorischer Phrasen, welches den Eindruck tödtlicher Ermüdung hervorbringt.

Wagner hat wohl begeisterte Verehrer, aber auch heftige Gegner gefunden. Von seinen Erfolgen hat er nicht wenig den Bestrebungen seines Gesinnungsgenossen Franz Liszt zu danken, der zwar nicht, wie er, ein bahnbrechendes Genie, aber vielfach dazu beigetragen hat, die Musik einer neuen Entwicklungsstufe zuzuführen. Er wurde zu Raiding in Ungarn geboren. In Wien trat er zuerst öffentlich auf. 1823 machte er eine Kunstreise durch Deutschland nach Paris und London. 1834 durchreiste er als Pianist ganz Europa und erntete überall enthusiastische Huldigungen. Die Jahre 1840—48 waren die glänzendsten Jahre seiner Virtuosenlaufbahn. 1848 ließ er sich in Weimar nieder, seit 1863 lebt er im Auslande. Franz Liszt ist ohne Zweifel unter allen Virtuosen der neuern Zeit der geistvollste und genialste. Als Componist hat Liszt Bedeutendes angestrebt, aber seine besten Absichten scheitern an der vollkommenen Maß- und Formlosigkeit. Namentlich seitdem er sich in Weimar

VI. Die Musik des 19. Jahrhunderts.

niedergelassen, entstanden seine „zwölf symphonische Dichtungen," sowie seine großen Symphonien zu Dantes Göttlicher Komödie und zu Göthe's Faust. Diese symphonischen Werke werden von den Anhängern der neudeutschen Schule für das Bedeutsamste angesehen, was die Instrumentalmusik neuer Zeit geschaffen. Anerkennenswerthes hat Liszt als Componist von Liedern und Romanzen geleistet, viele derselben sind ausgezeichnet durch den Ausdruck innerer Gefühlswärme und durch charakteristische Auffassung.

Ein begabter, aber sehr ungleicher Künstler unserer Zeit ist Anton Rubinstein, kaiserlicher Concertmeister in Petersburg, der nicht allein als Clavierspieler, namentlich was Bravour der Technik betrifft, einen Platz unter den Virtuosen einnimmt, sondern auch als Componist unleugbar zu den Bedeutendsten der Gegenwart zählt.

Zu den tiefsinnigsten, gedankenvollsten Componisten der Gegenwart gehört Johannes Brahms aus Hamburg, ein Schüler Schumann's, der in symphonischen Werken, Sextetten und Quartetten sich als Meister streng musikalischer Formen und phantasievoller Erfindung bewährt, und ebenso gediegene Claviersachen, Lieder und Gesangsstücke größerer Art geschaffen hat. Durch überaus poetische Lieder und Claviercompositionen hat sich ein andrer Schüler Schumann's, Theodor Kirchner, ausgezeichnet. In strengerer Richtung wirkt ferner Friedrich Kiel, von dem u. A. ein „Requiem" günstiges Zeugniß ablegt.

Bleibt auch ein endgültiges Urtheil über die Musik unserer allerneuesten Zeit der Zukunft vorbehalten, so ist jedenfalls die Gefahr nicht wegzuleugnen, über die technische Vollendung, über den Glanz der Form den Gehalt, die Innerlichkeit der Empfindung und die wahre Schönheit zu vernachlässigen.

Register der technischen Ausdrücke.

Abakus, Seite 15.
Akanthus 16.
Apsis 20. 25.
Aquarell 100.
Architrav 12. 13.
Aretinische Sylben 175.
Atrium 26.
Basilika 25.
Basis 12. 14.
Basrelief 54.
Bogenfries 33. 34.
Cameen 53. 66.
Carnation 99.
Cella 12.
Chor 32.
Colorit 98.
Cömeterien 24.
Compositakapitäl 20.
Concha 25.
Dipteros 12.
Dynamik 173.
Echinus 13.
Enkaustik 102.
Epistyl 12. 13.

Fiale, Seite 39.
Freskomalerei 102.
Fries 12. 13.
Geison 12. 13. 14.
Gemme 53.
Gouache 101.
Hautrelief 54.
Helldunkel 99.
Hypäthral 12.
Kanellur 12.
Kapitäl 12. 13.
Katakombe 24.
Kiblah 28.
Kreuzgewölbe 20.
Krypta 32.
Kuppel 20.
Lettner 32.
Luftperspektive 99.
Metope 13.
Mihrab 28.
Minaret 28.
Modulation 172.
Mosaikmalerei 103.
Mutuli 14.

Neumen, Seite 175.
Opisthodomos 12.
Oratorium 178.
Orchestra 174.
Pastellmalerei 100.
Peripteros 12.
Polychromie 14.
Posticum 12.
Pronaos 12.
Rhythmus 172.
Stalaktitengewölbe 30.
Stereochromie 103.
Strebebogen 39.
Temperamalerei 101.
Tonnengewölbe 20.
Triglyphe 13.
Triumphbogen 25.
Tropfen 14.
Tympanen 14. 78.
Volute 15.
Würfelkapitäl 33. 34.
Zahnschnitte 14. 15.
Zophoros 15. 16.

Verzeichniß der Künstler.

Abt, Seite 204.
Achenbach 108.
Agasias 68.
Ageladas 59.
Agesandros 65.
Allegri 177.
Alunno 124.
Ambrosius 175.
Amerighi, Michelangelo 153.
Angelico, Fra 118.
Apelles 107.
Apollodoros 106.
Apollonios 65. 68.
Arezzo, Guido von 175.
Athenodoros 65.
Auber 199.
Bach, Emanuel 183.
Bach, Sebast. 181.
Bartolommeo, Fra 130.
Bartolommeo, Mastro 85.
Bassano 140.
Bazzi 127.
Becker 168.
Beethoven 188.
Begas 168.
Bellini, Giovanni 122.
Bellini, Vincenzo 200.
Bendemann 167. 169.
Berlioz 199.

Bernini, Seite 48. 93.
Bertini 204.
Beyer 204.
Biard 170.
Biefve, de 170.
Bläser 96.
Boieldieu 191.
Bonheur, Rosa 170.
Bordone 139.
Bordoni 79.
Borromini 48.
Botticelli 122.
Brahms 207.
Bramante 46.
Brenghel, Pet. 159.
Broschi 178.
Brüggemann 82.
Brunellesco 44.
Caffarelli 178.
Calame 170.
Caliari 139.
Callot 161.
Canova 94. 97.
Caracci 152.
Caravaggio 153.
Carstens 163.
Catalani 192.
Cellini 52. 89.
Chares 65.
Cherubini 190.

Chopin, Seite 200.
Cimabue 113.
Cimarosa 191.
Clementi 192.
Cogniet 170.
Cornelius 163. 164.
Corot 170.
Correggio 135.
Cramer 192. 204.
Cranach 150.
Czerny 193. 204.
Danhauser 169.
Dannecker 94.
Daubigny 170.
David 96.
Decamps 170.
Delacroix 169.
Delaroche 169.
Delorme 49.
Denner 161.
Diabelli 204.
Diogenes 68.
Dolci 152.
Doles 183.
Domenichino 152.
Donatello 85.
Donizetti 200.
Donner 94.
Dow 160.
Drake 96.

Leitfaden zur Kunstgeschichte. 14

Duccio, Seite 113.
Düfay 176.
Dupré 170.
Durante 178.
Dürer 148.
Duret 96.
Dyck, van 156.
Eastlake 170.
Eccard 180.
Eeckhout, van 159.
Everdingen 162.
Eyck, van 140. 141. 143.
Farinelli 178.
Fernkorn 96.
Ferrari 127.
Fiesole, s. Angelico 118.
Fischer 96.
Flandrin 170.
Fleury 170.
Flink 159.
Flotow 198.
Flüggen 166.
Foltz 166.
Francia 125.
Franz 204.
Froberger 181.
Führich 164.
Funk 169.
Gabrieli 179.
Gallait 170.
Gärtner, von 50.
Genelli 166.
Gericault 169.
Ghiberti 83.
Ghirlandajo 121.
Gibson 97.
Giorgione 139.
Giotto 82. 116.
Gluck 183.
Glykon 68.
Gounod 199.

Gozzoli, Seite 121.
Grädener 204.
Graff 161.
Graun 183.
Gregor d. Gr. 175.
Gude 168.
Hähnel 96.
Händel 182.
Hasenclever 168.
Hasse 184.
Haydn 183. 185.
Heem, de 163.
Helst, van der 157.
Herz 193.
Heß, Heinr. 165.
Heß, Peter 166.
Hildebrand 167.
Hiller 185. 204.
Himmel 193.
Hogarth 162.
Holbein, Hans 145.
Homilius 183.
Howaldt 53.
Hübner, Karl 168.
Hübner, Jul. 169.
Hucbald 175.
Hummel 192.
Hünten 204.
Huysum, van 163.
Iktinos 18.
Jordan 168.
Kalamis 60.
Kalkbrenner 193.
Kallikrates 18.
Kanachos 59.
Kauffmann 161.
Kaulbach 166.
Kessel 97.
Keyser, de 170.
Kiel 207.
Kirchner 207.

Kiß, Seite 96.
Klenze 50.
Kleomenes 67.
Klöber, v. 168.
Knaus 168.
Kneller 161.
Köhler 167.
Koekkoek 170.
Kolbe 108.
Krafft, Adam 91.
Krafft, Peter 169.
Kreutzer 195.
Krüger 168.
Kücken 204.
Kuhlau 204.
Landseer 170.
Lasso, Orl. di 176.
Lazzari 46.
Lebrün 161.
Leo 178.
Lescot 49.
Lessing 167.
Leu 108.
Leutze 167.
Leys 170.
Lind 205.
Lippi 121. 122.
Liszt 206.
Lombardi 85.
Lorrain 162.
Lortzing 198.
Luini 127.
Lully 190.
Luther 180.
Lysippos 64.
Magnus 168.
Mantegna 122.
Markull 204.
Marschner 195. 197.
Martino, Sim. di 118.
Masaccio 120.

Verzeichniß der Künstler.

Masolino Seite 120.
Meissonier, 170.
Memmi, s. Martino 118.
Memmling 143.
Mendelssohn 201.
Mengs 161.
Menzel 168.
Merian 160.
Messina, Ant. da 123.
Messys 145.
Meyerbeer 198.
Meyerheim 168.
Michelangelo Buonarroti 47. 85.
Mnesikles 18.
Morgenstern 166.
Moscheles 192.
Mozart 183. 186.
Mücke 167.
Murillo 154.
Myron 60.
Naumann 184.
Neher 166.
Ockenheim 176.
Oesten 204.
Onslow 199.
Orcagna 82.
Ostade 159.
Overbeck 163. 164.
Paër 191.
Paganini 200.
Paisiello 191.
Palestrina 177.
Palma, Vecchio 139.
Parrhasias 107.
Perugino 124.
Peruzzi 46.
Phidias 18. 60.
Piccini 183. 190.
Piloty 166.
Pinturichio 125.

Pisano, Andrea, S. 82.
Pisano, Giovanni 82.
Pisano, Nicola 78.
Polydoros 65.
Polygnot 106.
Polyklet 62.
Ponte, da 140.
Pordenone 139.
Porpora 178.
Potter 163.
Poussin 161.
Praxiteles 63. 64.
Preller 169.
Prés, de 176.
Protogenes 107.
Pythagoras 60.
Quercia, della Fonte 83.
Rahl 169.
Rauch 95.
Reichardt 193.
Reinecke 204.
Reissiger 195.
Rembrandt, van Ryn 158.
Reni 152.
Rethel 169.
Retzsch 169.
Reynolds 162.
Richter 169. 171.
Rietschel 52. 96.
Righini 191.
Rinuccini 178.
Robbia 84.
Robert 169.
Robusti 139.
Rolle 184.
Romano, Giulio 135.
Roos 163.
Rosa, Salvator 162.
Rosa di Tivoli 163.
Rosenfelder 169.
Rossini 191.

Rottmann, Seite 165.
Rousseau, Th. 170.
Rousseau, J. J., 190.
Ruben 166.
Rubens 155.
Rubinstein 207.
Rude 96.
Rugendas 160.
Ruisdael 162.
Rustige 169.
Ruysch 163.
Sandrart 160.
Sansovino, Jacopo 47. 89.
Sansovino, Andrea 85.
Sarto, Andrea del 130.
Scarlatti, A. 178.
Scarlatti, Dom. 179.
Scaurus 21.
Schadow, J. G. 95.
Schadow, Wilh. 163. 167.
Schick 163.
Schievelbein 96.
Schinkel 49. 50.
Schirmer 168.
Schlüter 94.
Schmidt, Al. 204.
Schmidt, Jac. 204.
Schnorr 165. 169. 171.
Schongauer 145.
Schonhofer 79.
Schorn 168.
Schrader 168.
Schraudolph 166.
Schröder-Devrient 205.
Schrödter 168.
Schubert 194.
Schulhof 204.
Schumann 201. 202.
Schütz 180. 181.
Schwanthaler 96.
Schwindt, v. 166.

Signorelli, Seite 122.
Skopas 18. 63. 64.
Sodboma, il 127.
Sohn 167.
Solario 125. 127.
Sontag 205.
Spindler 204.
Spohr 195.
Spontini 190.
Steinbach, E. v. 42.
Steinbrück 167.
Steinhäuser 97.
Steinle 164.
Stephan, Meister 116.
Stilke 167.
Stoß 82.
Stüler 50.
Sueur, le 161.
Sunere 42.
Syrlin 91.
Tatti 47. 89.
Taubert 204.

Tauriskos, Seite 65.
Tedesco 204.
Tenerani 97.
Teniers 159.
Terburg 160.
Thorwaldsen 95. 97.
Tidemand 168.
Tieck 95.
Tintoretto 139.
Tischbein 161.
Tizian 137.
Troyon 170.
Turner 170.
Turriti 112.
Vautier 108.
Veit 163. 164.
Velazques 153.
Verboekhoven 170.
Verdi 200.
Vernet, Horace 169.
Veronese 139.
Vinci, Lion. da 85. 125.

Vischer, Seite 91.
Wach 168.
Wächter 163.
Wagner 205.
Waldmüller 169.
Wappers 170.
Weber 195.
West 162.
Weyde, Rogier van der 143.
Wieck, Clara 203.
Wilhelm, Meister 116.
Wilkie 170.
Winterhalter 170.
Wohlgemuth 148
Wolf 96.
Wouvermann 162.
Württemberg, Herzogin Maria v. 97.
Zeitblom 145.
Zelter 193.
Zeuxis 107.

www.ingramcontent.com/pod-product-compliance
Lightning Source LLC
Chambersburg PA
CBHW031355230426

43670CB00006B/554